企业会计模拟实训

（第二版）

谢爱萍　编著

人 民 邮 电 出 版 社
北　　京

图书在版编目（CIP）数据

企业会计模拟实训 / 谢爱萍编著. —2 版. —北京
：人民邮电出版社，2013. 4
ISBN 978-7-115-31031-6

Ⅰ. ①企… Ⅱ. ①谢… Ⅲ. ①企业管理—会计 Ⅳ.
①F275. 2

中国版本图书馆 CIP 数据核字（2013）第 025242 号

内容提要

加强实践性教学环节是高等院校重要的教学任务。进行会计模拟实训是增强学生会计实践动手能力的最佳途经之一。本书从应用的角度出发，注重实用性，以一家制造企业发生的日常经济业务为案例，让学生完成建账、填制并审核凭证、登记账簿、编制会计报表等全过程的实务操作。对于实际工作中发生的日常经济业务均以仿真原始凭证的形式再现，具有较强的真实性。

本书内容全面，单证完备，具有较强的综合性和实用性，既可作为普通院校、成人高校、高职学院、民办高校的会计及相关专业课程教材或辅助教材，也可作为会计人员的岗位培训用书。

企业会计模拟实训（第二版）

◆ 编　　著　谢爱萍
责任编辑　姜　珊
执行编辑　包华楠

◆ 人民邮电出版社出版发行　北京市崇文区夕照寺街 14 号
邮编 100061　电子邮件 315@ptpress. com. cn
网址 http://www. ptpress. com. cn
北京昌平百善印刷厂印刷

◆ 开本：787×1092　1/16
印张：19　2013 年 4 月第 2 版
字数：180 千字　2013 年 4 月北京第 1 次印刷

ISBN 978-7-115-31031-6

定　价：35. 00 元

读者服务热线：（010）67129879　印装质量热线：（010）67129223
反盗版热线：（010）67171154
广告经营许可证：京崇工商广字第 0021 号

前　言

会计工作是一项操作性很强的经济管理工作。根据高等院校会计专业培养目标的要求，会计专业学生应较好地掌握该职业岗位所必需的基础理论和专门知识，尤其应重点掌握从事专业实际工作的基本能力和基本技能，而进行会计模拟实训是增强学生实践能力的最佳途经之一。

为了强化对学生实践能力的培养，弥补理论教学的不足，真正培养出“应用型、技能型”会计人才，本书从应用的角度出发，以实用性为重点，在保留原有教材特点的基础上对原教材进行了完善，充分体现会计改革的新要求。

本书具有以下四个特点。

第一，内容新颖，贴近实际。本书以一家中小型制造企业的会计业务为原型，提供了该企业 2011 年 12 月的 116 笔日常会计业务资料，除少部分相同业务考虑到篇幅长度做了合并处理外，对于其他实际工作中发生的会计业务均以仿真原始凭证的形式再现，例如，企业通过网银上缴各种税费，上缴地方教育费附加，上缴水利建设专项资金等业务在书中均有体现，具有较强的真实性。

第二，政策性强。本书以最新的《企业会计准则》和最新税收法律规定为依据，进行经济业务的设计，使学生能够将会计理论知识与企业实务操作相结合，巩固所学的专业知识，适应现代会计工作的需要。

第三，仿真效果好。本书在原始单据的制作上，严格按照相关制度规定要求，加盖了实际票证上的各类图章，所使用的原始凭证尽量模拟企业当前使用的单据，如增值税发票采用电子发票的式样，力求接近实际，使学生有身临其境的感觉。

第四，方便教学。本书第一章会计模拟实训的基本知识中提供了记账凭证、各种账簿的规范格式，既便于教师讲授，也便于学生学习。书后附有各种实训参考答案，让学生在实训中逐步核对，并检查错漏，最终帮助学生掌握会计技能，完成从理论到实践的飞跃。

本书由南昌工程学院谢爱萍编著。全书贴近实际，内容全面，单证完备，具有较强的综合性和实用性，既可作为普通院校、成人高校、高职学院、民办高校的会计及相关专业课程教材或辅助教材，也可作为会计人员的岗位培训用书。

本书的编写得到了华发股份有限责任公司有关同志的大力支持，在此深表谢意。在编写本书的过程中，游明忠、饶庆林、易青、李宁、蔡环宇、何习平、卢普玲、李冬明等同志提供了帮助，在此表示感谢。由于作者水平所限，书中难免存在错漏与不足之处，敬请读者批评指正。

编者

2013 年 2 月

目　录

第一章　会计模拟实训概论

第一节　会计模拟实训的意义

会计模拟实训是指从建账开始，经过登记期初账簿资料、填制并审核会计凭证、登记账簿、编制会计报表、整理会计档案到完成实训报告的会计实务模拟演练。它以某一家企业一个月内发生的完整会计资料为依据，按照一定的账务处理程序进行。

会计模拟实训是会计类专业实践性教学环节中的重要组成部分。加强实践性教学环节，是高等院校培养应用创新型人才的重要教学任务。

一、会计模拟实训的必要性

（一）会计模拟实训是由会计学科本身的性质与特点所决定的

会计是一门理论性和实践性都很强的学科。从学科内容的特点来看，它不仅具有科学的理论体系，还拥有一整套规范的专业运作程序和方法，是一门应用型经济学科。会计教学中的理论联系实际，是会计学科改革的重要原则和基本目标。因此，在会计教学中，将会计的基本理论、基本方法、基本技能与会计实践相结合，显得尤为重要。教师不仅要向学生传授会计理论和会计方法，还要培养学生运用会计理论和会计方法解决会计实际问题的能力；不仅要加强基本理论和基本知识的教学，还应强化实践性教学环节，加强基本技能和实际工作能力的训练。

（二）会计模拟实训是适应高校培养应用型会计人才的需要

随着我国社会经济的不断发展，各行各业对中高级应用型会计人才的需求越来越大。目前我国许多高校将会计人才培养目标定位于培养适应社会需要的中高级应用型人才，但其人才培养模式是否充分体现并适应应用型会计人才的培养呢？从会计人才市场需求来看，许多企业在实际招聘时最看重的是日常会计操作能力和工作经历。大多数企业要求应聘会计人员具有会计实践经验，有较强的实践动手能力，而高校毕业生往往是动手操作能力与应用能力较差，走上工作岗位不知从何入手，对会计工作感到非常陌生，不能马上胜任这项工作。究其原因，学生在校时接受的实战训练太少。因此，高校应从多方面、多渠道加强培养学生的实操能力。而加强会计模拟实训教学是提高学生的实操能力和应用能力的最佳途径，能够很好地适应应用型会计人才培养的需要。

（三）会计模拟实训可以弥补学生校外实习的不足

由于会计实务工作特点的原因，联系学生校外实习较难。受实际工作单位财务部门工作环境的限制、企业商业机密的安全性、会计工作的阶段性与时间性特点等因素的影响，到企事业单位去实习，学生也只是看看，很少能动手操作，使得校外实习流于形式，难以取得令人满意的预期效果。另外，实习接收单位要求的实习经费不断增加，与院校实习经费日趋紧张的矛盾日益加剧，会计模拟实训除在建设会计实训室时需要较多的资金投入外，平时的实训成本相对较低，仿真模拟的效果也非常接近现实，能较大程度地达到校外实习的预期目标，弥补学生校外实习的不足。

二、会计模拟实训的意义

会计模拟实训是保证教学质量、培养合格会计人才的重要环节，它具有以下三个方面的重要意义。

（一）会计模拟实训是实现课堂理论教学与实践教学相结合的有效途径

受实际工作单位财务部门工作环境限制等因素的影响，校外实习难以取得令人满意的预期效果。在会计模拟实训中，学生根据实训内容的要求，自己动手，从填制原始凭证、编制记账凭证、登记账簿、成本核算、编制会计报表到财务分析，仿佛置身于现实的企业财会部门。学生通过会计模拟实训，对会计工作的全貌有了清晰且直观的了解，既能培养动手能力，又能加深对会计基础理论和会计实际工作的理解。

（二）巩固学习内容，掌握会计核算操作的基本技能

通过对学生进行会计模拟实训，使学生在有限的时间里巩固所学的会计核算基本理论和基本知识，掌握会计核算操作的基本技能和基本方法。高校教师可以有计划、有组织地指导学生在3～4周的时间内完成一套基本的会计实务操作训练，提高学生的综合业务能力，使学生在有限的时间内获得更多的知识。

（三）加深学生对会计专业知识的理解和认识，提高对所学专业的兴趣

在基本掌握会计核算中证账表的编制技能和审核方法的基础上，对照专业教材，

把会计基本理论和基本技术方法与会计实训结合起来，利于加深学生对会计专业知识的理解与认识，提高对所学专业的兴趣，调动学生学习的积极性，并能强化技能训练，培养职业意识，提前进入职业角色，有针对性地学习，全面达到会计核算所需的环境要求，为进一步学习会计专业课打下坚实的理论和实践基础。

总之，会计模拟实训是会计类专业学生从学校走向工作岗位的一个“实践演习”，为毕业后尽快适应会计工作奠定了良好的基础。

第二节　会计模拟实训的基本知识

会计模拟实训应严格按照《中华人民共和国会计法》、《企业会计准则》、《会计人员工作规范》以及国家有关方针政策和法令的要求进行操作。

一、设置与使用会计科目

按照财政部2007年颁布实行的《企业会计准则应用指南——会计科目和主要账务处理》中的会计科目进行设置和使用，对规定的会计科目名称、编号、核算内容和对应关系，不得任意改变。在填制会计凭证时，应填制会计科目的名称或填制会计科目的名称和编号，不允许只写会计科目编号而不写会计科目名称。需要登记明细账时，要在记账凭证中填写明细科目。

二、填制会计凭证

会计凭证是记录经济业务、明确经济责任的书面证明，也是登记会计账簿的依据。会计凭证按填制的程序和用途的不同可分为原始凭证和记账凭证。

（一）填制原始凭证

原始凭证按取得的来源不同分为外来原始凭证和自制原始凭证两种。外来原始凭证是在同外单位发生经济业务时从外单位取得的凭证。自制原始凭证是由本单位内部有关职能部门或有关人员，在执行和完成某项经济业务时填制的凭证。在会计模拟实训时，绝大多数原始凭证已经填制完成，实训人员（学生）只需要将它们直接裁减获得。为提高实训人员填制自制原始凭证的技能，有些原始凭证必须由实训人员亲自填制。例如，在实训中，实训人员既要充当仓库验收人员填制材料验收单，又要充当材料使用部门的领料人员填制领料单。填制原始凭证需要注意以下三项要求。

1. 原始凭证必须逐项填写各项内容，做到内容完整，不遗漏

原始凭证的内容一般包括凭证名称、填制日期、接受凭证单位名称、经济业务内容、数量、单位和金额；填制凭证单位名称或填制人姓名等。

2. 原始凭证书写要规范

会计的书写包括阿拉伯数字书写和中文汉字书写。书写必须使用蓝黑墨水，不得使用铅笔或圆珠笔。书写文字端正，字迹清晰工整。不得使用未经国务院公布的简化字；书写应紧靠行格底线，文字上方应留有适当空距，不可满格（顶格）书写。

凡填有大写和小写金额的原始凭证，大写和小写金额必须相符。购买实物的原始凭证，必须有验收证明。支付款项的原始凭证，必须有收款单位和收款人的收款证明。

阿拉伯数字要逐个书写清楚，不能连成一串。7 与 1、9 与 4、5 与 3 等数码字往往容易混淆，要注意分别写清楚。各数码的倾度要一致，一般要求上端向右倾斜 45 ~60度。阿拉伯数字书写字样如图 1-1 所示。以元为单位的金额数字，一律要填写到角、分。没有角、分的，角位和分位也要用“0”来表示，不得用“—”代替。大写金额有角、分的，分以下不写“整”字。阿拉伯数字之前要加写人民币符号“￥”，以防止在原有数字之前添写数字。

千	百	十	万	千	百	十	元	角	分
1	*2*	*3*	*4*	*5*	*6*	*7*	*8*	*9*	*0*
1	*2*	*3*	*4*	*5*	*6*	*7*	*8*	*9*	*0*

图 1-1　阿拉伯数字书写字样

大写金额数字不能任意简化，一律用“壹、贰、叁、肆、伍、陆、柒、捌、玖、拾、佰、仟、万、亿、元（圆）、角、分、零、整（正）”等字样，不得用一、二、三、四、五、六、七、八、九、十、毛、另等字样填写。

3. 支票的填写

支票的日期必须使用中文大写，在填写月、日时，月为壹、贰和壹拾的，日为壹至玖和壹拾、贰拾、叁拾的，应在其前加“零”字；日为拾壹至拾玖的，应在其前面加“壹”字。例如 2 月 12 日，应写成零贰月壹拾贰日；10 月 20 日，应写成零壹拾月零贰拾日。支票样张如图 1-2 所示。

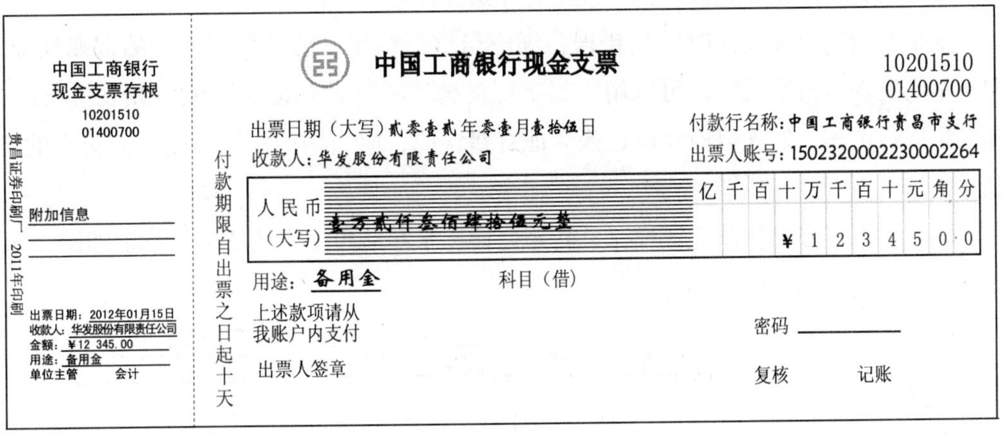

中国工商银行
现金支票存根
10201510
01400700
贵昌证券印刷厂 2011年印制
附加信息
出票日期：2012年01月15日
收款人：华发股份有限责任公司
金额：¥12 345.00
用途：备用金
单位主管　会计

中国工商银行现金支票　10201510 01400700
付款期限自出票之日起十天
出票日期（大写）贰零壹贰年零壹月壹拾伍日　付款行名称：中国工商银行贵昌市支行
收款人：华发股份有限责任公司　出票人账号：1502320002230002264
人民币（大写）壹万贰仟叁佰肆拾伍元整

亿	千	百	十	万	千	百	十	元	角	分
			¥	1	2	3	4	5	0	0

用途：备用金　科目（借）
上述款项请从我账户内支付　密码
出票人签章　复核　记账

图1-2　支票样张

（二）填制记账凭证

记账凭证是由会计人员根据审核无误的原始凭证或汇总原始凭证填制的，用来确定会计分录并作为登记账簿直接依据的会计凭证。记账凭证的格式可以采用由收款凭证、付款凭证和转账凭证构成的专用记账凭证格式，也可采用通用的记账凭证格式。不论采用何种格式，记账凭证都必须具备的内容为：填制凭证的日期、凭证编号、经济业务摘要，会计科目、金额、附件张数、有关人员签章等。

记账凭证可以根据每一张原始凭证单独填制，也可根据若干张同类的原始凭证汇总填制，或者先将同类原始凭证编制一张汇总表，再根据该汇总表填制。不得将不同内容和类别的原始凭证汇总填制在一张记账凭证上。

填制记账凭证时，应对记账凭证进行编号。采用收、付、转专用记账凭证时，可采用“字号编号法”进行分类编号，即按凭证类别的顺序编号，如按收字第×号、付字第×号、转字第×号三类编号，或按现收字第×号、银收字第×号、现付字第×号、银付字第×号、转字第×号五类编号。采用通用记账凭证，则按经济业务发生的顺序统一编号，如总字第×号。如果一笔经济业务需填制两张以上的记账凭证，则可采用“分数编号法”。例如，一笔经济业务需填制三张转账凭证时，假定转账凭证的顺序号为11，则可编为转字第$11\frac{1}{3}$号，转字第$11\frac{2}{3}$号，转字第$11\frac{3}{3}$号三张凭证。每月末最后一张记账凭证的编号旁边加注“全”字。除结账和更正错误的记账凭证可以不附原始凭证外，其他记账凭证必须附有原始凭证。如果一张原始凭证涉及几张记账凭证，则可以把原始凭证附在一张主要的记账凭证后面，并在其他记账凭证上注明附有该原始凭证的记账凭证的编号或附有原始凭证复印件。

如果在填制记账凭证时发生错误，则应当重新填制。已经登记入账的记账凭证，在当年内发现填写错误时，可以用“红字更正法”、“补充登记法”或“划线更正法”等方法进行更正。发现以前年度记账凭证有错误的，应当用蓝黑字填制一张更正的记账凭证。

收款凭证样张、付款凭证样张、转账凭证样张和通用记账凭证样张分别如图 1-3、图 1-4、图 1-5 和图 1-6 所示。

收　款　凭　证

总号	银收1
分号	

借方科目:银行存款　　　　2012 年 1 月 2 日

摘　要	应贷科目		√	金额									
	总账科目	明细科目		千	百	十	万	千	百	十	元	角	分
销售产品，收到货款	主营业务收入	甲产品	√				1	0	0	0	0	0	0
		乙产品	√				2	0	0	0	0	0	0
	应交税费	应交增值税（销项税额）	√					5	1	0	0	0	0
合　计						¥	3	5	1	0	0	0	0

附件贰张

会计主管：叶倩　　记账：吴辉　　出纳：刘娟　　复核：肖强　　制单：刘芳

图 1-3　收款凭证样张

付　款　凭　证

总号	银收21
分号	

贷方科目:银行存款　　　　2012 年 1 月 6 日

摘　要	应借科目		√	金额									
	总账科目	明细科目		千	百	十	万	千	百	十	元	角	分
购买材料支付货款	材料采购	A材料	√					6	0	0	0	0	0
		B材料	√					8	5	0	0	0	0
	应交税费	应交增值税（进项税额）	√					2	4	6	5	0	0
合　计						¥	1	6	9	6	5	0	0

附件叁张

会计主管：叶倩　　记账：吴辉　　出纳：刘娟　　复核：肖强　　制单：刘芳

图 1-4　付款凭证样张

转 账 凭 证

总号	转85
分号	1/2

2012 年 1 月 31 日

摘 要	总账科目	明细科目	√	借方金额										贷方金额									
				千	百	十	万	千	百	十	元	角	分	千	百	十	万	千	百	十	元	角	分
结转费用类账户	本年利润		√				4	2	1	5	6	0	0										
	主营业务成本		√														1	2	0	0	0	0	0
	营业税金及附加		√															2	4	0	0	0	0
	管理费用		√														1	0	8	6	0	0	0
	财务费用		√															1	8	9	6	0	0
合 计																							

附件壹张

会计主管：叶倩　　记账：吴辉　　复核：肖强　　制单：刘芳

转 账 凭 证

总号	转85
分号	2/2

2012 年 1 月 31 日

摘 要	总账科目	明细科目	√	借方金额										贷方金额									
				千	百	十	万	千	百	十	元	角	分	千	百	十	万	千	百	十	元	角	分
结转费用类账户	销售费用		√															4	0	0	0	0	0
	营业外支出		√															8	0	0	0	0	0
	其他业务成本		√															2	0	0	0	0	0
	资产减值损失		√															1	0	0	0	0	0
合 计						¥	4	2	1	5	6	0	0			¥	4	2	1	5	6	0	0

附件壹张

会计主管：叶倩　　记账：吴辉　　复核：肖强　　制单：刘芳

图 1-5　转账凭证样张

记 账 凭 证

总号	56
分号	

2012 年 1 月 31 日

摘 要	总账科目	明细科目	√	借方金额										贷方金额									
				千	百	十	万	千	百	十	元	角	分	千	百	十	万	千	百	十	元	角	分
分配制造费用	生产成本	A产品	√				1	1	1	6	0	0	0										
		B产品	√					7	4	4	0	0	0										
	制造费用		√														1	8	6	0	0	0	0
合 计						¥	1	8	6	0	0	0	0			¥	1	8	6	0	0	0	0

附件壹张

会计主管：叶倩　　记账：吴辉　　出纳：　　复核：肖强　　制单：刘芳

图 1-6　通用记账凭证样张

三、登记账簿

会计账簿是指由一定格式、相互联系的账页所组成，用来序时、分类地记录和反映单位经济业务的簿籍。会计账簿作为会计资料的重要组成部分，可以全面、系统地反映单位的经济活动情况，为编制会计报表提供重要依据。依法设置会计账簿是单位进行会计核算的最基本要求。

（一）设置账簿

各单位应按国家统一的会计制度的规定和会计业务的需要设置会计账簿，进行会计核算，及时提供合法真实、准确完整的会计信息。会计账簿包括总分类账簿、明细分类账簿、序时账簿和备查账簿。会计模拟实训设置库存现金日记账、银行存款日记账、总分类账和有关明细分类账，不设置备查账簿。

总分类账是根据总分类科目开设的账簿，用于登记单位的全部经济业务事项，提供资产、负债、资本、费用、成本和成果等总括核算资料。总账一般采用订本式账簿。单位可根据采用的账务处理程序设置总分类账簿内的账页格式。明细分类账是根据总账所属的明细科目设置的，用于分类登记某一类经济业务事项，提供有关明细核算资料。明细分类账可采用订本式账簿，也可使用活页式账簿。债权债务明细账账页格式一般采用三栏式，如应收账款明细账（如图 1-7 和图 1-8 所示）；成本费用明细账账页格式一般采用多栏式，如生产成本明细账（如图 1-9 所示）和管理费用明细账（如图 1-10 所示）；材料物资明细账账页格式一般采用数量金额式，如库存商品明细账（如图 1-11 所示）。

明细分类账

一级会计科目：应收账款

二级会计科目：A 工厂

2012年 月	日	凭证 种类	凭证 号数	摘要	借方	贷方	借或贷	余额
1	1			上年结转			借	2340000
	6	转	8	销售甲产品 50 件	3510000		借	5850000
	15	银收	12	收回欠款		4680000	借	1170000
	18	转	16	销售乙产品 100 件	10530000		借	11700000
				……				
				……				
	25	银收	19	收回欠款		8000000	借	3700000
1	29	银收	22	收回欠款		2000000	借	1700000
1	29			转下页	14040000	14680000	借	1700000

图 1-7　三栏式明细账样张（1）

2012年 月	日	凭证 种类	凭证 号数	摘要	借方	贷方	借或贷	余额
1	29			承前页	14040000	14680000	借	1700000
1	30	转	30	销售甲产品 40 件	2808000		借	4508000
1	31	银收	28	收回欠款		2000000	借	2508000
1	31			本月合计	16848000	16680000	借	2508000
2	4	转	3	销售甲产品 50 件	3510000		借	6018000
				……				

注：图中加粗线表示划红线

图 1-8　三栏式明细账样张（2）

生产成本明细账

明细科目：甲产品　　　　投产日期：2011 年 1 月 1 日

生产车间：A 生产车间　　完工日期：2011 年 1 月 31 日

完成产量：30 000 块　计划工时：1 800 工时

2011 年 月	日	凭证号数	摘要	借方发生额	借方明细项目 原材料	工资薪酬	制造费用	贷方发生额	余额
1	1		上年结转						7200000
1	4	转 8	领料 500 千克，@32 元/千克	1600000	1600000				8800000
1	16	转 58	领料 400 千克，@32 元/千克	1280000	1280000				10080000
1	30	转 121	结算分配工资	2000000		2000000			12080000
1	31	转 126	按工时分配结转制造费用	1800000			1800000		13880000
1	31	转 127	结转本月完工产品成本					8328000	5552000
1	31		本月发生额及月末余额	6680000	2880000	2000000	1800000	8328000	5552000

注：图中加粗线表示划红线

图 1-9　生产成本明细账样张

管理费用明细账

一级科目：管理费用

2011年 月	日	凭证号数	摘要	借方	贷方	借/贷	余额	工资薪酬	折旧费	修理费	水电费	业务招待费	其他
1	3	银付10	支付厂办复印机修理费用	56000		借	56000			56000			
1	12	银付57	支付厂部用电费	101300		借	157300				101300		
1	15	银付64	支付厂部用水费	42000		借	199300				42000		
1	22	转185	应付业务招待费	512000		借	711300					512000	
1	30	转215	结算分配工资	1015000		借	1726300	1015000					
1	30	现付75	报销差旅费	142100		借	1868400						142100
1	31	转218	计提厂部固定资产折旧费	350000		借	2218400		350000				
1	31	转224	结转管理费用		2218400	平	θ						
1	31		本月发生额及月末余额	2218400	2218400	平	θ	1015000	350000	56000	143300	512000	142100

注：图中加粗线表示划红线

图 1-10　管理费用明细账样张

库存商品明细分类账

存放地点：成品仓库　　　　计量单位：件　　　　产品名称：甲产品

2012年		凭证		摘要	收入												发出												结存											
月	日	种类	号数		数量	单价	金额										数量	单价	金额										数量	单价	金额									
							千	百	十	万	千	百	十	元	角	分			千	百	十	万	千	百	十	元	角	分			千	百	十	万	千	百	十	元	角	分
1	1			上年结存																									800	20				1	6	0	0	0	0	0
1	31	入库单	179	完工入库	1 600	22				3	5	2	0	0	0	0													2 400	21.33				5	1	2	0	0	0	0
1	31	出库单	348	销售领用													1 900	21.33				4	0	5	2	7	0	0	500	21.33				1	0	6	7	3	0	0
1	31			本月合计	1 600	22				3	5	2	0	0	0	0	1 900	21.33				4	0	5	2	7	0	0	500	21.33				1	0	6	7	3	0	0

注：图中加粗线表示划红线

图 1-11　库存商品明细账样张

（二）启用账簿

启用新的会计账簿时，应当在账簿封面上写明实训单位名称和账簿名称，并填写账簿扉页的启用表。启用订本式账簿，应当从第一页到最后一页顺序编写页数，不得跳页缺号。使用活页式账簿，应当按账户顺序编号，并定期装订成册。装订后再按实际使用的账页顺序另加页码。在启用表上注明启用日期、账簿起止页数、记账人员和会计机构负责人（会计主管人员）姓名等，并加盖名章和单位公章。当记账人员或会计机构负责人（会计主管人员）调动工作时，也要在启用表上注明交接日期、接办人员和监交人员姓名，并由交接双方签名或盖章。

（三）登记账簿

会计人员应根据审核无误的会计凭证登记账簿，确保账簿记录的正确性。登记账簿时，应将会计凭证日期、编号、业务内容摘要、金额和其他有关资料逐项登记入账，做到数字准确、摘要清楚、登记及时、字迹工整。登记完毕，应在记账凭证上签名或盖章，并注明已经登账的符号“√”，表示已经记账。账簿中书写的文字和数字上要留有适当空格，不要写满格。登记账簿时用蓝黑墨水书写，不得使用圆珠笔与铅笔书写。登账时按账簿页次顺序连续登记，不得跳行、隔页，账页最后一行不要记账，在摘要栏内写上“过次页”，同时在次页第一行摘要栏内写上“承前页”。账簿记录发生错误，不准涂改、挖补、乱擦或用药水消除字迹，不准重新抄写，须按正确的更正方法进行更正。

（四）结账

结账前，必须将本期内所发生的各项经济业务登记入账并进行核对，保证账证相符、账账相符、账实相符。

结账时，应结算出每个账户的期末余额。需要结出当月发生额的账户，应计算出本月发生额与期末余额，并在摘要栏注明“本月合计”字样。在“本月合计”该行上端和下端划通栏单红线。年终，有余额的账户，需将其余额结转下一会计年度。

四、编制会计报表

各单位必须按国家会计制度统一规定定期编制会计报表。会计报表应根据真实的交易、事项以及完整、准确的账簿记录和其他有关资料，并按照会计制度规定的编制基础、编制依据、编制原则和编制方法进行编制，做到数字真实、计算准确、内容完整、说明清楚。

五、装订凭证

（一）整理凭证

编制完会计报表，并核对相符后就可进行会计凭证的整理工作。将当月全部记账凭证按编号顺序排列，原始凭证附在所属的记账凭证之后，并检查附件是否齐全。将所有凭证分为厚薄基本一致的几份，厚度一般以 1.5 厘米 ~2.0 厘米为宜。凭证少的单位，可以将若干个月份的凭证合并订成一册，在封皮注明本册所含的凭证月份。注意不能把几张应属一份记账凭证附件的原始凭证拆开装订在两册之中。如果原始凭证面积大、数量多，则可以单独装订，例如工资单、领料单。但在记账凭证上应注明保管地点和另册装订的编号索引。装订时需要注意：要将科目汇总表及“T”型账户资料装订进去，这样便于快速查找某笔凭证。虽然现在实行电算化了，但是科目汇总表还是应装订进去，起码不看账就能知道当月的发生额。记账凭证、科目汇总表和“T”型账户资料的装订顺序为：首先是科目汇总表放在最上层，其次是“T”型账户资料，最后是各种记账凭证及其原始凭证。

凭证外面要加封面，封面要选纸质较好的牛皮纸印制，封面规格略大于所附的记账凭证。会计凭证经过加工整理之后，用两个大铁夹分别夹住凭证的上侧和左侧，这样固定好凭证后就可以开始装订了。

（二）装订凭证

会计凭证的装订是指把定期整理完毕的会计凭证按照编号顺序，外加封面、封底，装订成册，并在装订线上加贴封签，盖上装订者私章；同时，要将超过记账凭证宽度和长度的原始凭证整齐地折叠进去。

凭证的具体装订方法一般有“三针引线法”和“二孔角订法”。

“三针引线法”是指在凭证的左上角部位打三个针眼，将三个针眼用一根线绳穿引打结的方法。“三针眼”该如何寻找呢？首先，用铅笔在凭证的左上角画一个边长为 5 厘米的等腰三角形，如图 1-12 中的 DE，然后，将等腰三角形底边分成均匀的三等份，这样就可找到两个针眼，如图 1-12 中的 A 点和 B 点，再以找到的两个针眼为基准，分别向上和向左画平行线，两条平行线的交汇点就是“三针引线法”的第三个针眼，如图 1-12 中的 C 点。将 A、B、C 三个针眼用一根线绳穿引，使凭证封面的正面、背面均有一个三角形形状，最后在背面将线绳打结。

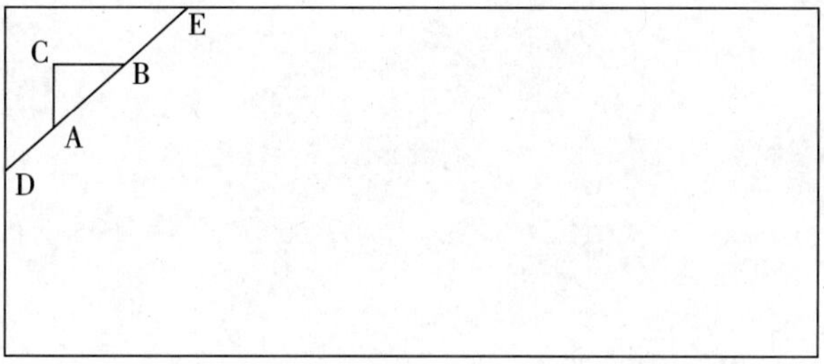

图 1-12 三针引线法示意图

“二孔角订法”是用铅笔在凭证的左上角画一个边长为 5 厘米的分角线，将直角分成两个 45 度角的分角线，在分角线的适当位置上选两个点打孔作为装订线眼，用结实的引线绳向上和向左侧方向穿绕两孔若干次，并在凭证背面打结。

装订时尽可能缩小所占部位，使记账凭证及其附件保持尽可能大的显露面，以便事后查阅。装订后的会计凭证封面签章等格式内容应填写齐全。在封面上，应写明单位名称、年度、月份、记账凭证的种类、起讫日期、起讫号数，以及记账凭证和原始凭证的张数，并在封签处加盖会计主管的骑缝图章。

在封面上编好卷号，按编号顺序入柜，并要在显露处标明凭证种类编号，以便调阅。

第二章　会计模拟实训的程序和组织

第一节　会计模拟实训程序

会计核算程序是指在会计核算中，将会计凭证、会计账簿、会计报表与账务处理程序有机地结合起来的技术组织方式，也称会计核算形式。会计模拟实训程序与企业具体的会计核算程序基本相同。由于不同类型的企业其经营规模的大小不同，业务的性质和数量多少也会不同，那么会计核算的程序自然也有所不同。本节主要介绍科目汇总表核算程序。

一、科目汇总表核算程序流程

科目汇总表核算程序的主要特点是根据记账凭证定期编制科目汇总表，并据此登记总分类账。采用科目汇总表核算程序，可以简化登记总分类账的工作量，提高登记总分类账的工作效率。具体核算流程如图 2-1 所示。

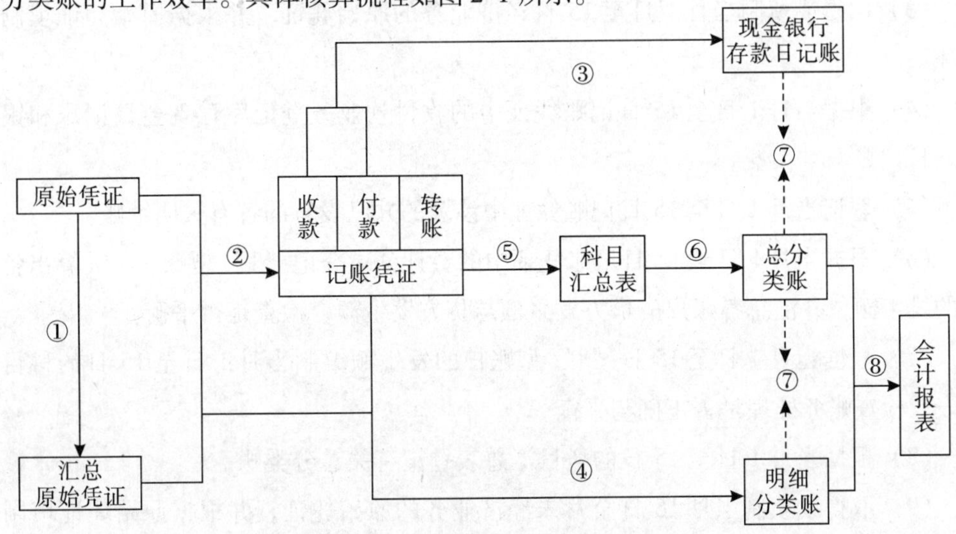

图 2-1　科目汇总表核算程序流程图

其中：

①根据原始凭证编制汇总原始凭证；

②根据原始凭证或汇总原始凭证编制记账凭证；

③根据记账凭证中的收付款业务登记库存现金日记账和银行存款日记账；

④根据记账凭证和有关原始凭证或汇总原始凭证登记有关明细账；

⑤根据记账凭证定期（五天、十天或半个月、一个月）编制科目汇总表；

⑥根据科目汇总表定期登记总分类账；

⑦根据总账记录，定期与库存现金日记账、银行存款日记账和有关明细账进行核对；

⑧月终，根据核对无误的总账和各明细账的记录编制会计报表。

二、会计模拟实训具体操作程序

会计模拟实训的操作程序与企业平时的实际核算操作程序略有不同，为使学生在短期的实训周期内学习到更多的实践知识，科目汇总表核算程序采用半个月汇总一次的方法较为妥当。具体来说，模拟程序可按以下顺序进行。

（1）设置总分类账、明细分类账、库存现金日记账和银行存款日记账。

（2）登记总分类账、明细分类账、库存现金日记账和银行存款日记账的期初余额。

（3）取得或填制当月 1 日至 15 日经济业务的原始凭证，并根据原始凭证填制记账凭证。

（4）根据当月 1 日至 15 日记账凭证中的收付款业务登记库存现金日记账和银行存款日记账。

（5）登记当月 1 日至 15 日记账凭证中涉及的并已设置的各有关明细账。

（6）根据当月 1 日至 15 日记账凭证中的会计分录登记“T”型账户，计算出各账户的发生额，并汇总各账户的借方发生额与贷方发生额，检查是否平衡。

（7）根据当月 1 日至 15 日“T”型账户的发生额编制当月 1 日至 15 日的科目汇总表，检查账务处理是否正确与平衡。

（8）根据当月 1 日至 15 日的科目汇总表登记有关总分类账。

（9）取得或填制当月 16 日至月末经济业务的原始凭证，并根据原始凭证填制记账凭证。

（10）根据当月 16 日至月末记账凭证中的收付款业务登记库存现金日记账和银行存款日记账。

（11）登记当月 16 日至月末记账凭证中涉及的并已设置的各有关明细账。

（12）根据当月 16 日至月末记账凭证中的会计分录登记“T”型账户，计算出各账户的发生额，并汇总各账户的借方发生额与贷方发生额，检查是否正确与平衡。

（13）根据当月 16 日至月末“T”型账户的发生额编制当月 16 日至月末的科目汇总表，检查账务处理是否正确与平衡。

（14）根据当月 16 日至月末的科目汇总表登记有关总分类账。

（15）将总账与明细账、总账与日记账进行核对。

（16）根据总分类账、明细分类账及有关资料编制会计报表。

（17）根据资料计算主要的财务指标并进行分析评价。

（18）整理会计档案。

第二节　会计模拟实训的考核和进度安排

一、会计模拟实训考核

会计模拟实训成绩分为优、良、中、及格、不及格五档。其考核标准以学生完成规定的实训项目为主。具体来说，就是从学生在实训期间进行会计处理的正确性、及时性、整洁性、规范性、实训纪律、实训态度以及实训检查七个方面来评判。这七个方面除会计处理的正确性占 40% 以外，其余部分各占 10%。七个方面的扣分标准如下所述。

（1）正确性：关键性数字、一般性数字、借贷方向等错误，每错一处扣 3 分。

（2）及时性：要求按时上交实训资料，每超一天扣 2 分，超过 3 天不得分。

（3）整洁性：要求字迹填写整齐、清楚，不能顶格、不得涂改或用刀割等，如果不符合要求，每错一处扣 2 分。

（4）规范性：填制凭证及登记账簿是否按会计法规要求进行，如果不符合要求，每错一处扣 1 分。

（5）实训纪律：实训期间不得迟到、早退及无故旷课。每迟到、早退 1 次扣 1 分；无故缺课每次扣 2 分。

（6）实训态度：实训时，必须认真听课，遵守会计实训室的规章制度，独立完成实训任务，不得抄袭他人的实训成果。否则，从严扣分。

（7）实训检查：实训指导教师随时根据学生实训的完成情况进行提问，从学生的回答中判断出学生对会计理论知识的掌握程度和运用情况。针对老师提问，学生每答错1处扣2分。

根据以上七个方面的考核结果，确定学生的得分情况：90分及以上，实训成绩为优；80~89分为良；70~79分为中；60~69分为及格；60分以下为不及格。

二、会计模拟实训进度安排

会计模拟实训可以采用集中的形式进行，也可以采用分散的形式进行。集中实训是由每个学生独立完成一整套的会计处理。分散模拟实训是将学生分成若干实训小组，每个实训小组由3~5人组成，称为财务小组。每个财务小组中的每名成员要完成一个或几个岗位的会计处理。集中实训的进度如表2-1所示，供读者参考。

表2-1　会计模拟实训进度表

序号	内容	学时
1	实训动员及发放实训用品	2
2	指导教师讲解并提出具体要求	2
3	设置账簿并登记期初余额	4
4	填制原始凭证与记账凭证	16
5	登记日记账	6
6	进行成本计算	6
7	结转本年利润并进行利润分配	6
8	登记有关明细账	10
9	设置“T”型账户，编制科目汇总表	11
10	登记总分类账并结转	8
11	核对账目	5
12	编制会计报表	6

（续表）

序号	内容	学时
13	计算主要财务指标	2
14	进行分析评价	2
15	整理会计档案和总结	4
合计		90

三、实训用品

由于实训人员初次进行实务操作，失误可能较多，在考虑存在一定数量错误（一般为10%～15%）的情况下，按每位学生独立完成一整套的模拟实训情况设计，一般需要准备以下用品。

* 收款凭证　15 张
* 付款凭证　75 张
* 转账凭证　85 张
* 总分类账簿　一本
* 三栏式明细账簿　一本
* 多栏式明细账簿　一本
* 数量金额式明细账簿　一本
* 科目汇总表　一本
* 库存现金日记账簿　一本
* 银行存款日记账簿　一本
* 大铁夹两个、直尺一把、回形针半盒、剪刀一把等

为节约实训费用开支，上述第四项至第十项用品也可分别采用活页式账页。

* 总分类账页　40 张
* 三栏式明细账页　40 张
* 多栏式明细账页　15 张
* 数量金额式明细账页　6 张
* 科目汇总表　6 张
* 具有对方科目的三栏式账页　8 张

四、企业会计科目表

《企业会计准则应用指南——会计科目和主要账务处理》规定的主要会计科目如表2-2所示。

表2-2 会计科目的名称和编号

顺序号	编号	名称	顺序号	编号	名称
		一、资产类	47	2203	预收账款
1	1001	库存现金	48	2211	应付职工薪酬
2	1002	银行存款	49	2221	应交税费
3	1015	其他货币资金	50	2231	应付利息
4	1101	交易性金融资产	51	2232	应付股利
5	1121	应收票据	52	2241	其他应付款
6	1122	应收账款	53	2411	预计负债
7	1123	预付账款	54	2501	递延收益
8	1131	应收股利	55	2601	长期借款
9	1132	应收利息	56	2602	应付债券
10	1231	其他应收款	57	2801	长期应付款
11	1232	坏账准备	58	2802	未确认融资费用
12	1401	材料采购	59	2811	专项应付款
13	1402	在途物资	60	2901	递延所得税负债
14	1403	原材料			三、共同类
15	1404	材料成本差异	61	3101	衍生工具

（续表）

顺序号	编号	名称	顺序号	编号	名称
16	1406	库存商品			四、所有者权益类
17	1407	发出商品	62	4001	实收资本（股本）
18	1410	商品进销差价	63	4002	资本公积
19	1411	委托加工物资	64	4101	盈余公积
20	1412	包装物及低值易耗品	65	4103	本年利润
21	1461	存货跌价准备	66	4104	利润分配
22	1521	持有至到期投资	67	4201	库存股
23	1522	持有至到期投资减值准备			五、成本类
24	1523	可供出售金融资产	68	5001	生产成本
25	1524	长期股权投资	69	5101	制造费用
26	1525	长期股权投资减值准备	70	5201	劳务成本
27	1526	投资性房地产	71	5301	研发支出
28	1531	长期应收款	72	5401	工程施工
29	1541	未实现融资收益	73	5402	工程结算
30	1601	固定资产	74	5403	机械作业
31	1602	累计折旧			六、损益类
32	1603	固定资产减值准备	75	6001	主营业务收入
33	1604	在建工程	76	6051	其他业务收入
34	1605	工程物资	77	6061	汇兑损益

（续表）

顺序号	编号	名称	顺序号	编号	名称
35	1606	固定资产清理	78	6101	公允价值变动损益
36	1701	无形资产	79	6111	投资收益
37	1702	累计摊销	80	6301	营业外收入
38	1703	无形资产减值准备	81	6401	主营业务成本
39	1711	商誉	82	6402	其他业务成本
40	1801	长期待摊费用	83	6403	营业税金及附加
41	1811	递延所得税资产	84	6601	销售费用
42	1901	待处理财产损溢	85	6602	管理费用
		二、负债类	86	6603	财务费用
43	2001	短期借款	87	6701	资产减值损失
44	2101	交易性金融负债	88	6711	营业外支出
45	2201	应付票据	89	6801	所得税费用
46	2202	应付账款	90	6901	以前年度损益调整

第三节　会计模拟实训的教学要求

会计模拟实训是针对学生和实训指导教师两方面而言的。

一、学生模拟实训的要求

学生模拟实训应做到以下四点：

（1）实训前，应有充分的思想准备。会计模拟实训具有很强的实践性，实训时使用规范的会计用品，对会计凭证的取得、填制和审核，会计账簿的登记和核对等各项工作要极为重视，严格按照企业会计制度和《会计人员工作规范》的要求进行，不得马虎了事。

（2）实训时要有一定的专业基础知识。会计模拟实训必须在学完《会计学基础》、《（中级）财务会计》、《成本会计》等专业课后进行。学生应具有会计核算的基本知识，懂得资产、负债、所有者权益、收入、费用（成本）和利润的具体账务处理方法以及会计报表的编制方法。

（3）实训时，应保持清醒的头脑。会计模拟实训是一项综合性的演练，业务错综复杂，前呼后应。对此，学生应保持清醒的头脑，弄清各项经济业务的来龙去脉，掌握核算过程，使会计模拟实训任务顺利进行。

（4）实训时，学生要严格按照《会计人员工作规范》的要求进行操作。具体要求已在第一章第二节“会计模拟实训的基本知识”中阐述。

二、实训指导教师的要求

会计学科具有较强的实践性。会计模拟实训指导教师不仅要有深厚的会计理论知识，还要有丰富的实践工作经验，并能按会计实践工作规律及时对学生进行指导，这样才能指导学生圆满完成会计模拟实践活动。对实训指导教师的要求有以下几点。

（1）制订会计模拟实训教学计划。实训指导教师应根据学生对会计理论知识的实际掌握情况，制订模拟实训的具体操作计划，以便学生掌握实训进度，在规定的时间内完成实训任务。

（2）对重点问题和容易出错的问题给予预先提示。在进行会计模拟实训操作前，指导教师应有目的地对一些重点或难点问题进行预先提示，以降低会计模拟实训的难度，帮助学生完成模拟实训任务。

（3）随时给予必要的指导。学生遇到困难时，教师要及时进行指导，避免学生思路分岔，发生恶性循环。

（4）适时地给出参考答案。由于会计模拟实训的综合性、连贯性较强，学生在处理业务时，只要一步出错，就将步步出错，所以，指导教师应掌握学生的实训进度，适时给出参考答案。

（5）正确评价学生习作。采用合理而又有效的考核方法，既能对每个参与会计模拟实训的学生构成约束，又能充分调动他们的积极性，进而取得好的实训效果。对学生习作质量的好坏，教师要及时准确地给予评价，以利于学生完成习作，获得预期的效果。这样一来，既可以鼓励学生，又可以使学生认识到自己的不足。

第三章　会计模拟实训资料

第一节　实训单位基本核算方法

一、企业概况

华发股份有限责任公司（简称华发公司），原直属于江南冶炼总公司，1998 年初从总公司独立出来，实行独立经济核算，但与总公司仍有一定的经济业务往来，如华发公司材料来源主要是总公司生产产品产生的废料；公司生产经营管理使用的水与蒸汽仍然由总公司提供，华发公司定期与总公司进行费用结算。华发公司在进行生产经营的同时，单位资金除经营所需之外，其余主要用于投资工程项目。总公司银行账号为 1502320002210003262，开户行为中国工商银行贵昌市支行。

1. 华发公司概况

（1）公司性质：股份有限责任公司，增值税的一般纳税人。

（2）地址：贵昌市工业大道 118 号，电话：0701-4661065。

（3）产品：甲产品、丙产品。

（4）开户行：中国工商银行贵昌市支行，账号：1502320002230002264。

（5）税务登记号：360621100220024。

（6）法人代表：吴华。

2. 华发公司部门设置

（1）行政管理部门。行政管理部门包括总经理办公室、行政办公室、工程部、财务科。办公室主要负责整个公司的行政管理工作以及全面组织和管理公司的供、产、销业务。工程部主要负责各种在建工程的指挥与监控等管理工作。财务科主要负责公司的财务核算与管理工作，财务科长：叶林；会计：吴宏辉、肖霞；出纳：刘娟。

（2）供销科。供销科主要负责公司产品销售业务和备件采购业务。

（3）仓库保管部门。仓库保管部门主要负责材料物资及半成品（乙产品）、产成品的收发与保管工作，并登记有关明细保管账户。

（4）基本生产部门。基本生产部门包括一车间和二车间。一车间生产甲产品和乙半成品。二车间领用一车间生产的乙半成品进行加工生产丙产品。甲产品和丙产品直接对外销售。

（5）辅助生产部门。辅助生产部门只有一个维修车间，主要负责全公司的各种机器设备等固定资产的维护与修理，其他辅助服务仍由总公司的相关部门协助完成，服务费用由总公司分配转入华发公司。

（6）科技部。科技部负责本公司的科研开发、各种化验等业务，并对外承担化验业务服务。其余部门，如工会、食堂、医务所等部门与总公司类似的机构未独立分开，华发公司定期支付一定的费用。

二、会计核算办法

（1）公司采用科目汇总表核算程序进行会计核算，科目汇总表每半个月汇总一次，汇总后登记总分类账。

（2）库存现金限额为 2 800 元。

（3）原材料分备件和一般材料两大类，并按计划成本进行收发核算。材料成本差异分为一般材料成本差异和备件成本差异；验收入库形成的成本差异和领用材料应分摊的成本差异均于期末汇总进行。包装物包括包装箱和编织袋两种，用于包装本单位生产的产品。包装物业务按实际成本进行核算，并直接通过单独设置“包装物”账户进行处理。

（4）固定资产采用直线法计提折旧额。

（5）职工工资按计时工资制度计算确定，并按当月实际发放的职工薪酬分配职工薪酬费用。

（6）甲产品、乙半成品、丙产品采用品种法，按实际成本计算发生的成本费用。二车间领用的乙半成品成本，按上月发生的实际成本，采用综合结转法进行结转。生产成本明细账按产品品种设置。完工产品成本与在产品成本按约当产量法进行分配。

（7）甲产品和丙产品的销售成本等于销售的数量乘以销售产品的单位成本。销售产品的单位成本采用月末一次加权平均法进行计算。

（8）成本费用明细账按费用项目设专栏。制造费用的费用项目包括工资、其他薪酬、运输费、折旧费、劳保费、水电费、其他共七项；管理费用的费用项目包括工资、其他薪酬、差旅费、业务招待费、办公费、通信费、修理费、租金、折旧费、水电费、其他共 11 项；生产成本明细账的成本项目包括材料费、工资、其他薪酬、电费、水汽费、制造费用共六项。

(9) 交易性金融资产采用公允价值进行计量与核算，每年年末按公允价值调整账面价值。

(10) 应收款项年末按应收账款余额的 5‰计提坏账准备。

(11) 2011 年存货价格开始下跌，华发公司年末按存货账面净值低于可变现净值的差额计提存货跌价准备。

第二节 实训单位经济业务及原始资料

一、2011 年 11 月 30 日各总账账户余额

2011 年 11 月 30 日各总账账户余额如表 3-1 所示。

二、2011 年 11 月 30 日各明细账账户余额

2011 年 11 月 30 日各明细账账户余额如表 3-2、表 3-3、表 3-4、表 3-5 所示。

表 3-1 总账账户余额表

单位：元

科目名称	借方金额	科目名称	贷方金额
库存现金	288.27	累计折旧	886 080.58
银行存款	3 455 315.21	坏账准备	3 022.00
其他货币资金	160 000.00	短期借款	1 300 000.00
库存商品	908 920.35	应付账款	99 725.40
生产成本	17 367.90	预收账款	29 038.96
原材料	326 470.00	其他应付款	1 186 155.73
材料成本差异	24 774.94	应付职工薪酬	334 778.68
自制半成品	70 000.00	长期借款	3 000 000.00
应收账款	604 344.75	应交税费	1 272 158.45

（续表）

科目名称	借方金额	科目名称	贷方金额
预付账款	79 394.07	应付利息	10 800.00
其他应收款	78 000.00	实收资本	6 600 000.00
长期股权投资	200 000.00	盈余公积	314 341.36
固定资产	3 785 054.86	利润分配	528 245.17
在建工程	7 104 415.98	本年利润	1 250 000.00
合计	16 814 346.33	合计	16 814 346.33

表 3-2　资产类明细账账户余额表

单位：元

总账	明细账	数量	单价	借方金额
应收账款				604 344.75
	浙江天力电子公司			3 127.85
	河北无线电厂			535 099.70
	华北制冷器厂			66 117.20
其他应收款				78 000.00
	广丰县第一建筑公司			10 000.00
	九江冶炼厂			63 000.00
	南昌房屋修备公司			3 000.00
	黄强			2 000.00
其他货币资金				160 000.00
	存出投资款			160 000.00
库存商品				908 920.35
	丙产品	450 件	277.937	125 071.65
	甲产品	10 592.55 千克	74.00	783 848.70
自制半成品				70 000.00
	乙半成品	2 000 千克	35.00	70 000.00

（续表）

总账	明细账	数量	单价	借方金额
原材料				326 470.00
	一般材料（生产用料）	47 445 千克	6	284 670.00
	备件	2 800 件	11	30 800.00
	暂估应付款	1 000 件	11	11 000.00
材料成本差异				24 774.94
	一般材料			23 158.89
	备件			1 616.05
预付账款				79 394.07
	鹰潭耐蚀流量计厂			20 248.20
	江苏风氨泵阀公司			49 162.27
	杭州过滤机有限公司			9 583.60
	报刊订阅费			400.00
在建工程				7 104 415.98
	防腐安装公司			100 000.00
	杭州玻璃钢化工设备厂			83 000.00
	江西有色冶建安装队			680 000.00
	贵昌市第二建筑公司			849 767.28
	建修服务部			2 745 293.69
	广丰县第一建筑公司			100 000.00
	硫酸铜工程			1 887 108.92
	精碲工程			659 246.09

表 3-3　权益类明细账账户余额表

单位：元

总账	明细账	贷方金额
实收资本		6 600 000. 00
	法人	5 770 500. 00
	工会持股会	829 500. 00
应交税费		1 272 158. 45
	应交城建税	15 147. 55
	应交营业税	7 089. 79
	应交所得税	1 027 927. 64
	未交增值税	209 303. 79
	应交教育费附加	6 491. 81
	应交地方教育费附加	4 327. 87
	应交价格调节基金	850. 00
	应交水利建设专项资金	1 020. 00
应付账款		99 725. 40
	江西樟树模型厂	88 725. 40
	暂估应付款	11 000. 00
预收账款		29 038. 96
	沈力有限公司	29 038. 96
应付利息		10 800. 00
	利息支出	10 800. 00
盈余公积		314 341. 36
	法定盈余公积	314 341. 36
应付职工薪酬		334 778. 68
	工会经费	73 337. 57
	职工福利	261 441. 11

（续表）

总账	明细账	贷方金额
其他应付款		1 186 155.73
	劳务费	12 250.00
	劳动服务公司	15 444.40
	财务科	1 002 833.98
	孔德	10 277.43
	江水	1 759.42
	吴宏军	89 590.50
	化验费	10 000.00
	房屋租金	44 000.00
利润分配		528 245.17
	未分配利润	528 245.17

表 3-4 “生产成本”明细分类账户期初余额表

单位：元

项目 产品	材料费（半成品）	工资薪酬	其他薪酬	电费	水汽费	制造费用	合计
甲产品	559.92	503.93	209.63	68.68	243.24	367.48	1 952.88
乙半成品	689.16	607.04	252.53	50.35	106.23	462.69	2 168.00
丙产品	5 978.35	1 828.09	760.49	183.88	463.65	4 032.56	13 247.02
合计	7 227.43	2 939.06	1 222.65	302.91	813.12	4 862.73	17 367.90

表 3-5 “固定资产”明细账账户余额表

单位：元

项目	固定资产名称	账面原值	使用部门	备注
生产经营用固定资产	房屋及建筑物	800 000.00	一车间	
	机器设备	400 000.00		
	其他	200 000.00		
	房屋及建筑物	700 000.00	二车间	
	机器设备	300 000.00		
	其他	100 000.00		
	房屋及建筑物	180 000.00	维修车间	
	机器设备	80 000.00		
	设备仪器	200 000.00	科技部	
	房屋	720 000.00	厂部	
	其他	20 000.00		
未使用固定资产		85 054.86		
合计		3 785 054.86		

三、损益类账户的累计发生额

华发公司损益类账户的结转采用账结法，即每月月末均结转至“本年利润”账户。各个账户的累计发生额如表 3-6 所示。

表 3-6 损益类账户发生额表

单位：元

损益类账户	2011 年 1—11 月累计发生额
主营业务收入	7 687 671.64
其他业务收入	4 000.00

（续表）

损益类账户	2011 年 1—11 月累计发生额
投资收益	29 345.00
营业外收入	5 000.00
主营业务成本	2 035 700.00
营业税金及附加	173 820.00
其他业务成本	1 500.00
销售费用	4 000.00
财务费用	211 600.00
管理费用	3 383 900.00
营业外支出	18 825.00
所得税费用	646 671.64
本年利润	1 250 000.00

四、产品产量有关资料

产品产量的有关资料如表 3-7 所示。

表 3-7　产品产量表

项目	甲产品（千克）	乙半成品（千克）	丙产品（件）
月初在产品	80	100	100
本月投产	2 000	2 600	500
本月完工	2 000	2 500	480
月末在产品	80	200	120
投料方式	一次投入	一次投入	逐步投入
在产品完工程度	50%	60%	50%

五、2011 年 12 月华发公司发生的经济业务

1. 1 日，冲销上月仓库已入库财务暂估入账的原材料（备件）11 000 元。（附原始凭证 1 张）

2. 1 日，开出支票支付南昌市大众超市管理有限公司办公用品费 1 680 元。（附原始凭证 3 张）

3. 1 日，支付汽油费 6 000 元，其中：价款 5 128. 21 元、增值税 871. 79 元。（附原始凭证 3 张）

4. 1 日，支付一车间发生的贵昌市运输公司运输费 2 000 元。（附原始凭证3 张）

5. 1 日，支付地税局车船使用税 1 800 元。（附原始凭证 2 张）

6. 2 日，支付本月至 2012 年 11 月电信宽带上网费 4 320 元。（附原始凭证 3 张）

7. 2 日，用现金支付税务网上申报信息费 270 元。（附原始凭证 1 张）

8. 2 日，提现 2 700 元备用。（附原始凭证 1 张）

9. 2 日，向南昌合金厂购入备件 1 000 件，已验收入库，单价 10 元，价款 10 000 元，增值税税额 1 700 元，价税总计 11 700 元，开出银行汇票支付。备件计划单价 11 元。（附原始凭证 3 张）

10. 2 日，核销车船使用税 1 800 元。（附原始凭证 1 张）

11. 5 日，公司购入博瑞传播股票 8 000 股，确认为交易性金融资产，买价 13. 40 元，实付金额 107 422. 40 元。（附原始凭证 1 张）

12. 5 日，一车间领用一般材料共计 6 800 千克，计划单价 6 元，其中：甲产品领用 4 200 千克；乙半成品领用 2 600 千克。（附原始凭证 1 张）

13. 5 日，二车间领用自制半成品 1 500 千克，实际单价 35 元；领用备件 200 件，计划单价 11 元。（附原始凭证 2 张）

14. 5 日，维修车间领用备件 100 件，计划单价 11 元。（附原始凭证 1 张）

15. 5 日，开出现金支票付供销科章玮报销业务费 451 元。（附原始凭证 2 张）

16. 5 日，黄强报销因业务需要发生的餐费 1 280 元，以现金支付。（附原始凭证 1 张）

17. 6 日，办公室周华报销单位电话费 580 元。（附原始凭证 2 张）

18. 6 日，黄强借支差旅费 2 000 元，开出现金支票支付。（附原始凭证 2 张）

19. 6 日，广丰县第一建筑公司报销围墙（硫酸铜工程）维修费 10 000 元。（附原

始凭证 1 张)

20. 6 日，向江西省南城县奋进公司销售丙产品 340 件，单价 900 元，价款306 000 元，增值税 52 020 元。价税款均未收到。(附原始凭证 2 张)

21. 6 日，向山东益力公司销售甲产品 300 千克，单价 600 元，价款 180 000 元，增值税 30 600 元，收到银行进账单回单。(附原始凭证 3 张)

22. 6 日，支付杭州玻璃钢化工设备厂硫酸铜工程的设备余款 10 000 元。(附原始凭证 2 张)

23. 6 日，收到南昌房屋修备公司的工程代垫款 3 000 元。(附原始凭证 1 张)

24. 7 日，用现金支付购买办公用品费 800 元，差旅费 20 元。(附原始凭证 3 张)

25. 7 日，偿还银行短期借款 300 000 元。(附原始凭证 1 张)

26. 7 日，支付江西樟树模型厂前欠购备件款 10 000 元。(附原始凭证 2 张)

27. 7 日，支付总公司财务科所欠材料款 300 000 元。(附原始凭证 2 张)

28. 7 日，收河北无线电厂所欠甲产品货款 100 000 元。(附原始凭证 1 张)

29. 8 日，预付江西省有色冶金安装队硫酸铜工程款 100 000 元。(附原始凭证 2 张)

30. 8 日，开出现金支票支付好运酒楼餐费 498 元。(附原始凭证 2 张)

31. 8 日，支付购支票款 60 元，其中现金支票 1 本，单价 20 元，转账支票 2 本，单价 20 元。(附原始凭证 1 张)

32. 8 日，支付孔德承包费 6 552. 40 元。(附原始凭证 2 张)

33. 8 日，出售博瑞传播股票 8 000 股，实收款 110 969. 60 元。(附原始凭证 1 张)

34. 9 日，发放公司十二月份工资 323 300 元。(附原始凭证 2 张)

35. 9 日，科技部领用一般材料 60 千克。(附原始凭证 2 张)

36. 9 日，提现 1 500 元备用。(附原始凭证 1 张)

37. 9 日，支付二车间发生的运输费 2 155 元。(附原始凭证 2 张)

38. 9 日，收江凯公司 300 元化验劳务费。(附原始凭证 1 张)

39. 9 日，拨交工会经费 43 333. 57 元。(附原始凭证 2 张)

40. 9 日，向贵昌市慈善总会捐款 20 000 元。(附原始凭证 3 张)

41. 9 日，预付杭州玻璃钢化工设备厂工程款 50 000 元。(附原始凭证 2 张)

42. 12 日，上缴上月的城乡维护建设税 15 147. 55 元、营业税 7 089. 79 元、教育费附加 6 491. 81 元、地方教育费附加 4 327. 87 元、价格调节基金 850 元和水利建设专

项资金 1 020 元。（附原始凭证 1 张）

43. 12 日，上缴国税局增值税 209 303. 79 元。（附原始凭证 1 张）

44. 12 日，支付广丰县第一建筑公司工程进度款 100 000 元。（附原始凭证 2 张）

45. 12 日，发放职工困难补助费 4 000 元。（附原始凭证 2 张）

46. 12 日，支付下年度报刊费 4 800 元。（附原始凭证 2 张）

47. 13 日，收到向浙江减速机有限公司购入的硫酸铜工程房屋用支架，价款 4 711. 97元，增值税 801. 03 元，价税合计 5 513 元，开出信汇单支付。（附原始凭证 5 张）

48. 13 日，胡伟借支差旅费 1 000 元，开出现金支票支付。（附原始凭证 2 张）

49. 14 日，向浙江天力电子公司销售丙产品 50 件，单价 900 元，实收款 53 000 元，其中 350 元用于偿还前欠货款。（附原始凭证 3 张）

50. 14 日，向江苏张泽化工厂购配件 200 件，价款 1 930. 77 元，增值税 328. 23 元，运杂费 120 元，开出信汇单支付款总计 2 379 元，配件验收入库。（附原始凭证 5 张）

51. 15 日，维修车间领出 150 件配件，已备使用，计划单价 11 元，共 1 650 元。（附原始凭证 1 张）

52. 15 日，向江苏靖江氟泵厂购买氟塑泵备件 250 件，价款 2 709. 41 元，增值税 460. 59 元，共计 3 170 元，开出信汇单支付，备件已验收入库。（附原始凭证 4 张）

53. 15 日，二车间报销向浙江黄岩塑料厂购买的刮片 10 片，单价 35 元，价款 350 元，增值税 59. 50 元，共计 409. 50 元，以现金支付。（附原始凭证 3 张）

54. 15 日，章玮报销二车间运输费 2 050 元，开出现金支票支付。（附原始凭证 2 张）

55. 16 日，王信文报销差旅费 391 元，以现金支付。（附原始凭证 1 张）

56. 16 日，陈群报销餐费 453. 90 元，办公费 88. 20，共计 542. 10 元，开出现金支票支付。（附原始凭证 3 张）

57. 19 日，何根报销江苏风氨泵阀公司的货款，所购磁力泵等用于科技部新产品试制用，价款 12 995 元，增值税 2 209. 15 元，冲减预付账款。（附原始凭证 6 张）

58. 19 日，向河北成安试剂厂销售甲产品 300 千克，单价 600 元，增值税 30 600 元，价税款均未收到。（附原始凭证 2 张）

59. 20 日，向开户行购支票，价款 30 元。（附原始凭证 1 张）

60. 21 日，支付本季度银行借款利息 15 334 元。(附原始凭证 1 张)

61. 21 日，向江西长征公司购编织袋 3 000 个，价款共计 36 000 元，增值税6 120 元，开出转账支票支付。(附原始凭证 4 张)

62. 22 日，章玮报销购买仓库用的锁具，价款 154 元，以现金支付。(附原始凭证 3 张)

63. 22 日，预收株洲信力有限公司货款 100 000 元，已存入银行。(附原始凭证 1 张)

64. 23 日，向湖南煤炭公司销售甲产品 1 000 千克，单价 600 元，价款 600 000 元，增值税 102 000 元，共计 702 000 元，价税款均已存入银行。(附原始凭证 3 张)

65. 23 日，一车间包装甲产品领用编织袋 2 000 个，单价 12 元，共 24 000 元。(附原始凭证 1 张)

66. 23 日，曾冬报销餐费 200 元，以现金支付。(附原始凭证 2 张)

67. 23 日，向上饶市商贸五交化批发公司购螺丝一批，螺丝用于精碲工程，价款 15 000元，开出信汇单支付。(附原始凭证 4 张)

68. 26 日，收郑州化工二厂购丙产品 60 件，单价 900，价款 54 000 元，增值税 9 180元，共计 63 180 元，存入银行。(附原始凭证 3 张)

69. 29 日，向贵昌市运输公司购包装箱 10 个，单价 300 元，共计 3 000 元，开出转账支票支付。(附原始凭证 3 张)

70. 29 日，供销科领用包装箱 4 个。(附原始凭证 1 张)

71. 29 日，支付贵昌市汽运公司汽车修理费 5 316. 64 元，开出转账支票支付。(附原始凭证 2 张)

72. 29 日，计提本月固定资产折旧 92 237. 92 元。(附原始凭证 1 张)

73. 29 日，孟良报销餐费 240 元，以现金支付。(附原始凭证 1 张)

74. 29 日，向贵昌市供电公司支付电费共计 11 700 元，已取得增值税发票。(附原始凭证 3 张)

75. 29 日，预付贵昌市防腐安装公司工程进度款 150 000 元。(附原始凭证 2 张)

76. 29 日，提取现金 800 元备用。(附原始凭证 1 张)

77. 30 日，黄强报销差旅费等 1 184. 80 元。(附原始凭证 1 张)

78. 30 日，支付总公司房屋全年租赁费 48 000 元。(附原始凭证 2 张)

79. 30 日，财务科报销购账本等办公用品款 320 元，以现金支付。(附原始凭证 1

张）

80. 30 日，章玮报销向杭州过滤机有限公司购入的备件款 9 583. 60 元（含税）。（附原始凭证 2 张）

81. 30 日，供销科何玮报销业务费 649 元，开出支票支付。（附原始凭证 2 张）

82. 30 日，计提本月化验劳务应缴的营业税，营业税税率为 5%。（附原始凭证 1 张）

83. 30 日，计提本月化验劳务应缴的城建税、教育费附加（城建税税率为 7%，教育费附加率为 3%，地方教育费附加率为 2%）。（附原始凭证 1 张）

84. 30 日，按销售收入的 0. 1% 计提本月价格调节基金。（附原始凭证 1 张）

85. 30 日，按销售收入的 0. 12% 计提本月水利建设专项资金。（附原始凭证 1 张）

86. 30 日，预付贵昌市第二建筑公司工程进度款 150 000 元，开出转账支票支付。（附原始凭证 2 张）

87. 30 日，分配本月份工资费用。（附原始凭证 1 张）

88. 30 日，计提企业承担的社保费。

89. 30 日，计提企业工会经费。（附原始凭证 1 张）

90. 30 日，向贵昌市住房公积金管理中心缴纳住房公积金 64 660 元。（附原始凭证 3 张）

91. 30 日，向贵昌市社会保险事业管理处缴纳社保费共计 131 259. 80 元。（附原始凭证 3 张）

92. 31 日，总公司财务处转来劳保用品费共计 3 453. 84 元，其中一车间领用 60 件，二车间领用 40 件。（附原始凭证 4 张）

93. 31 日，分配本月电费 10 000 元。（附原始凭证 1 张）

94. 31 日，总公司财务处转来本公司所耗水汽费共计 24 400 元，其中水费 3 400 元，汽费 21 000 元。（附原始凭证 1 张）

95. 31 日，收华北制冷器公司前欠货款 66 117. 20 元，存入银行。（附原始凭证 1 张）

96. 31 日，总公司财务处转来本月份购入的材料款 87 242. 59 元（含税）。（附原始凭证 1 张）

97. 31 日，上述材料验收入库，并结转其成本差异。（附原始凭证 1 张）

98. 31 日，结转本月份备件入库的成本差异。（附原始凭证 1 张）

99. 31 日，分配本月份领用材料的成本差异。（附原始凭证 1 张）

100. 31 日，分配本月份领用备件的成本差异。

101. 31 日，本月应缴增值税 203 595. 79 元，计算应缴的城建税和教育费附加。（附原始凭证 2 张）

102. 31 日，分摊本月应负担的报刊费 400 元。（附原始凭证 1 张）

103. 31 日，分配并结转辅助生产费用。（附原始凭证 1 张）

104. 31 日，分配并结转制造费用。（附原始凭证 1 张）

105. 31 日，计算并结转完工产品的生产成本。（附原始凭证 4 张）

106. 31 日，结转已销产品的生产成本。（附原始凭证 2 张）

107. 31 日，预提本年度的长期借款利息。（附原始凭证 1 张）

108. 31 日，计提应收账款坏账准备。（附原始凭证 1 张）

109. 31 日，年末，经预测计算出华发公司存货的可变现净值为 1 488 723. 91 元，计提存货跌价准备。（附原始凭证 1 张）

110. 31 日，本月费用化的研发支出结转至“管理费用”账户。（附原始凭证1 张）

111. 31 日，结转本月月末未交增值税至“应交税费——未交增值税”账户。

112. 31 日，结转本月收入类账户余额至“本年利润”账户。（附原始凭证 1 张）

113. 31 日，结转本月费用类账户余额至“本年利润”账户。

114. 31 日，计算并结转本期应交所得税。（附原始凭证 1 张）

115. 31 日，按全年净利润的 10% 提取全年法定盈余公积金。（附原始凭证 1 张）

116. 31 日，年末结账。

117. 编制 2011 年 11 月份的资产负债表。

118. 编制 2011 年 12 月份的资产负债表和 2011 年度利润表。

119. 编制 2011 年 12 月份的现金流量表。

99. 31日，分配本月[illegible]。（附件：[illegible]1张）

100. 31日，[illegible]。

101. 31日，本月[illegible]202 595.79元，[illegible]。（附件：[illegible]2张）

102. 31日，[illegible]400元。（附件：[illegible]1张）

103. 31日，分配[illegible]费用。（附件：[illegible]1张）

104. 31日，[illegible]。（附件：[illegible]1张）

105. 31日，[illegible]。

106. 31日，结转[illegible]产品的生产成本。（附件：[illegible]）

107. 31日，[illegible]。（附件：[illegible]）

108. 31日，[illegible]。（附件：[illegible]）

109. 31日，[illegible]1 938 725.91元，[illegible]。（附件：[illegible]）

110. 31日，[illegible]。（附件：[illegible]1张）

111. 31日，[illegible]。

112. 31日，[illegible]。

113. 31日，[illegible]。

114. 31日，[illegible]。（附件：[illegible]1张）

115. 31日，[illegible]。（附件：[illegible]1张）

116. 31日，[illegible]。

117. 编制2011年[illegible]。

118. 编制2011年12月[illegible]2011年[illegible]。

119. 编制2011年12月[illegible]。

六、各种经济业务的原始资料

附件 1-1

材 料 验 收 单

№ 001201

供货单位：　　　　　2011 年 12 月 01 日

材料编号	材料名称	规格	单位	数量		实际		备注
				应收	实收	单价	总价	
	备件	XL7-5	件	1 000	1 000	11	11 000	金额为红字

三会计

保管验收：　　　　　采购员：

附件 2-1

汇 付 款 通 知 单

收款单位	南昌市大众超市管理有限公司		
汇入银行及账号	市建行 36001250420052502652		
汇付金额	⊗壹仟陆佰捌拾元整　　¥1 680.00		
汇款方式	转账	要求汇出时间	2011. 12. 01
汇款原因：购办公用品			
汇款通知人		部门负责人	叶林
通知日期 2011 年 12 月 01 日		财务签收	

附件 2-2

江西省南昌市货物销售统一发票

发 票 联

贵 发票代码 136011061051

国 发票号码 01716097

字 校 验 码

客户：华发股份有限责任公司　　　　2011 年 12 月 1 日

品名或项目	规格	单位	数量	单价	金额								
					百	十	万	千	百	十	元	角	分
打印纸	A4	包	35	42				1	4	7	0	0	0
笔		包	10	21					2	1	0	0	0
							¥	1	6	8	0	0	0
合计人民币（大写）⊗壹仟陆佰捌拾元整									¥1 680.00				

第二联发票联

收款人：　　　　开票人：

附件 2-3

中国工商银行

转账支票存根

1 0 2 0 3 6 1 0

01402701

2011.贵昌证券印刷厂印刷

附加信息

出票日期 2011 年 12 月 01 日

收款人：	南昌市大众超市管理有限公司 王红
金　额：	¥1 680.00
用　途：	购办公用品

单位主管　　　　会计

附件 3-1

中国工商银行
转账支票存根
1 0 2 0 3 6 1 0
01402702

2011.贵昌证券印刷厂印刷

附加信息

出票日期 2011 年 12 月 01 日

收款人：江西省贵昌市石油分公司	
金　额：￥6 000. 00	
用　途：购汽油	

单位主管　　　　会计

附件 3-2

汇　付　款　通　知　单

收款单位	中国石油化工股份有限公司江西省贵昌市石油分公司		
汇入银行及账号	建行洪都支行 36001050400050006328		
汇付金额	⊗陆仟元整　￥6 000. 00		
汇款方式	转支	要求汇出时间	2011. 12. 01
汇款原因：购汽油			
汇款通知人		部门负责人	叶林
通知日期 2011 年 12 月 01 日		财务签收	

附件 3-3

3600102170

江西省增值税专用发票

江西 发票联 国家税务总局监制

№ 00033231

开票日期：2011 年 12 月 01 日

购货单位	名称：华发股份有限责任公司 纳税人识别号：36062110022004 地址、电话：贵昌市工业大道 118 号 0701-4661065 开户行及账号：工行贵昌市支行 150232002230002264				密码区	略	
货物或应税劳务名称	规格型号	单位	数量	单价	金额	税率	税额
93 号汽油	93#	升	827.586	6.196 588 632 5	5 128.21	17%	871.79
合计					¥5 128.21		¥871.79
价税合计（大写）	⊗陆仟元整				（小写） ¥6 000.00		
销货单位	名称：中国石油化工股份有限公司江西省贵昌市石油分公司 纳税人识别号：360106716561858 地址、电话：贵昌市高新开发区火炬大街 88 号 开户行及账号：建行洪都支行 36001050400050006328				备注	销售明细见销货清单	

中国石油化工股份有限公司贵昌石油分公司 3601016716561868 发票专用章

第三联：发票联 购货方记账凭证

收款人： 复核： 开票人：王芳 销货单位（章）

附件 4-1

汇 付 款 通 知 单

收款单位	贵昌市运输公司		
汇入银行 及 账 号	市工行 1502220002630003285		
汇付金额	⊗贰仟元整 ￥2 000.00		
汇款方式	转支	要求汇出 时 间	2011.12.01
汇款原因：支付一车间运输费			
汇 款 通知人		部 门 负责人	叶林
通知日期 2011 年 12 月 01 日		财务签收	

附件 4-2

货物托运业专用发票

江西省 发票联 地方税务局监制

№ 00216031

客户：华发股份有限责任公司　　2011 年 12 月 1 日

货物名称	件数	重量	包装	费用项目	费用金额						
					万	千	百	十	元	角	分
材料				运输服务费		2	0	0	0	0	0
					￥	2	0	0	0	0	0
合计人民币（大写）⊗贰仟元整					￥ 2 000.00						

第二联 发票联

（印章：贵昌市运输公司 财务专用章）

收款单位专用章：　　收款人：　　开票人：

附件 4-3

中国工商银行
转账支票存根
1 0 2 0 3 6 1 0
01402703

2011.贵昌证券印刷厂印刷

附加信息

出票日期 2011 年 12 月 01 日

收款人：贵昌市运输公司
金　额：¥2 000.00
用　途：支付运输费

单位主管　　　　会计

附件 5-1

中国工商银行 INDUSTRIAL AND COMMERCIAL BANK OF CHINA

电子缴税付款凭证

转账日期：2011 年 12 月 01 日　　　　凭证字号：09162145

纳税人全称及纳税人识别号：华发股份有限责任公司 360621100220024
付款人全称：华发股份有限责任公司
付款人账号：15023200022300022264　　　　征收机关名称：贵昌市地税局
付款人开户银行：中国工商银行贵昌市支行　　　　收款国库（银行）名称：工行
小写（合计）金额：¥1 800.00　　　　缴款书交易流水号：20111201178486
大写（合计）金额：壹仟捌佰元整　　　　税票号码 P：201112014058018076

税（费）名称	所属时间	实缴金额
车船使用税	20111201-20121130	1 800.00

中国工商银行贵昌市支行 2011.12.01 办讫

第 1 次打印　　　　打印时间：20111201 10：34：38

记账　　　　复核

附件 5-2

汇 付 款 通 知 单

收款单位	贵昌市地税局		
汇入银行 及 账 号	20111201178486		
汇付金额	⊗壹仟捌佰元整　　¥1 800.00		
汇款方式	转支	要求汇出 时　　间	
汇款原因：支付车船使用税			
汇　款 通知人		部　门 负责人	叶林
通知日期　　年　　月　　日		财务签收	

附件 6-1

中国工商银行

现金支票存根

1 0 2 0 1 5 2 0

02013241

2011.贵昌证券印刷厂印刷

附加信息

出票日期 2011 年 12 月 02 日

收款人：刘娟
金　额：¥4 320.00
用　途：电信宽带上网费

单位主管　　　　会计

附件 6-2

汇 付 款 通 知 单

收款单位	中国电信股份有限公司江西分公司		
汇入银行及账号	已垫付		
汇付金额	⊗肆仟叁佰贰拾元整　　¥4 320.00		
汇款方式	现支	要求汇出时间	
汇款原因：支付电信宽带上网费			
汇款通知人		部门负责人	叶林
通知日期 2011 年 12 月 02 日		财务签收	

附件 6-3

中国电信 CHINA TELECOM

中国电信股份有限公司江西分公司通信费专用发票

（印章：全国统一发票监制章 江西省 地方税务局监制）

发票联

发票代码：236000940015

发票号码：43512973

2011 年 12 月 02 日

用户号码		用户名称	华发股份有限责任公司	合同号	20111202598828
通信费计费周期（2011 年 12 月至 2012 年 11 月）				销账费用明细	
宽带上网费					
备注	说明：本发票使用至 2011 年 12 月底，过期作废，手写无效				
本次实收	（大写）肆仟叁佰贰拾元整			¥4 320.00	
上次结余		本次销账		本次结余	

（印章：中国电信股份有限公司江西分公司 360101669787597 发票专用章）

附件 7-1

中国电信 CHINA TELECOM

中国电信股份有限公司江西分公司通信费专用发票

（全国统一发票监制章 江西省 发票联 地方税务局监制）

发票代码：236000940015

发票号码：43512979

2011 年 12 月 02 日

用户号码		用户名称	华发股份有限责任公司	合同号	
通信费计费周期（2011 年 10 月至 2011 年 11 月）				销账费用明细	
网上申报信息费					
备注	说明：本发票使用至 2011 年 12 月底，过期作废，手写无效				
本次实收	（大写）贰佰柒拾元整				¥270.00
上次结余		本次销账		本次结余	

（中国电信股份有限公司江西分公司 360101669787597 发票专用章）

附件 8-1

中国工商银行

现金支票存根

1 0 2 0 1 5 2 0

02013242

附加信息

出票日期 2011 年 12 月 02 日

收款人：	刘娟
金　额：	¥2 700.00
用　途：	备用金

单位主管　　　　会计

2011.贵昌证券印刷厂印刷

附件 9-1

3600118140

江西省增值税专用发票

江西 发票联 国家税务总局监制

№ 00125195

开票日期：2011 年 12 月 02 日

购货单位	名称：华发股份有限责任公司	密码区	略
	纳税人识别号：36062110022004		
	地址、电话：贵昌市工业大道 118 号　0701-4661065		
	开户行及账号：工行贵昌市支行 1502320002230002264		

货物或应税劳务名称	规格型号	单位	数量	单价	金额	税率	税额
备件	6#	件	1 000	10	10 000. 00	17%	1 700. 00
合计					¥10 000. 00		¥1 700. 00
价税合计（大写）	⊗壹万壹仟柒佰元整				（小写）¥11 700. 00		

销货单位	名称：南昌合金厂	备注	销售明细见销货清单
	纳税人识别号：360003712758926		南昌合金厂 360106176983376 发票专用章
	地址、电话：南昌市昌北双港路 68 号		
	开户行及账号：工行南昌市支行 1502250009300019126		

收款人：张明　　复核：王芳　　开票人：李莉　　销货单位（章）

第三联：发票联　购货方记账凭证

附件 9-2

中国工商银行　汇票委托书（存根）　1　第　号

委托日期 2011 年 12 月 02 日

汇款人	华发股份有限责任公司			收款人	南昌合金厂								
账　号 或住址	中国工商银行贵昌市支行 1502320002230002264			账　号 或住址	1502250009300019126 南昌市昌北双港路 68 号								
兑付 地点	江西省贵昌市	兑付行		汇款 用途	购备件								
汇款 金额	人民币（大写）壹万壹仟柒佰元整				百	十	万	千	百	十	元	角	分
						¥	1	1	7	0	0	0	0

此联由汇款人留存记账凭证凭证

中国工商银行贵昌市支行 2011.12.02 办讫

备注　　　　科　　目 ____________

对方科目 ____________

财务主管　　　　复核　　　　经办

附件 9-3

材　料　验　收　单

№ 001202

供货单位：　　　　2011 年 12 月 02 日

材料编号	材料名称	规格	单位	数量		实际		备注
				应收	实收	单价	总价	
	备件	6#	件	1 000	1 000	10	10 000	计划单价 11 元

三会计

保管验收：　　　　采购员：

附件 10-1

车船税纳税申报表

填表日期：2011 年 12 月 02 日

税款所属时期：2011 年 01 月 01 日至 2011 年 12 月 31 日　　　　金额单位：元

纳税人	华发股份有限责任公司			企业编码				
地址	贵昌市工业大道 118 号			邮政编码				
办税员姓名		电话		税务登记证号	3606211002024			
车船税类别	计税标准	数量	单位税额	全年应缴税额	缴纳次数	本期		
						应纳税额	已纳税额	应补（退）税额
1	2	4	5	6 = 4 × 5	7	8	9	10
赣乙 10532			600.00	600.00		600.00		
赣 L1053D			600.00	600.00		600.00		
赣乙 10839			600.00	600.00		600.00		
合计				¥1 800.00		¥1 800.00		
如纳税人填报，由纳税人填写。		如委托代理人填报，由代理人填写以下各栏。						
会计主管（签章）	纳税人（签章）	代理人名称				代理人（公章）		
		代理人地址						
		经办人姓名				电话		
以下由税务机关填写								
收到申报表日期				接收人				

附件 11-1

上海证券中央登记清算公司

2011 年 12 月 05 日

成交过户交割凭单			
股东编号：	A168281348	成交证券：	博瑞传播
电脑编号：	83568	成交数量：	8 000（股）
公司编号：	9876	成交价格：	13.40 元
申请编号：	278	成交金额：	107 200 元
申报时间：	10：30	标准佣金：	107.20 元
成交时间：	10：58	过户费用：	8 元
		印花税：	107.20 元
上交余额：	0（股）	附加费用：	
本次成交：	8 000（股）	应收金额：	107 422.40 元
本次余额：	8 000（股）	实付金额：	元

经办单位：　　　　　　　　　　客户签章：

附件 12-1

领　料　单

冶领编号：1201

领料单位　　　　　　开单日期　　年　月　日

发料单位　　　　　　发料日期　　年　月　日限　　天内有效

货号编号	材料名称	型号规格	单位	数量		单价（元）	金额（元）
				请领	实发		
领料根据及用途							

四材料会计

发料　　　　材料计划　　　　领料主管　　　　领料

附件 13-1

领 料 单

冶领编号：1202

领料单位　　　　　　　　　开单日期　　年　月　日

发料单位　　　　　　　　　发料日期　　年　月　日限　　天内有效

货号编号	材料名称	型号规格	单位	数量		单价	金额
				请领	实发		
领料根据及用途							

四材料会计

发料　　　　　　　材料计划　　　　　　　领料主管　　　　　　　领料

附件 13-2

领 料 单

冶领编号：1203

领料单位　　　　　　　　　开单日期　　年　月　日

发料单位　　　　　　　　　发料日期　　年　月　日限　　天内有效

货号编号	材料名称	型号规格	单位	数量		单价	金额
				请领	实发		
领料根据及用途							

四材料会计

发料　　　　　　　材料计划　　　　　　　领料主管　　　　　　　领料

附件 14-1

领 料 单

冶领编号：1204

领料单位　　　　　　开单日期　　年　月　日

发料单位　　　　　　发料日期　　年　月　日限　　天内有效

货号编号	材料名称	型号规格	单位	数量		单价	金额
				请领	实发		
领料根据及用途							

四材料会计

发料　　　　材料计划　　　　领料主管　　　　领料

附件 15-1

中国工商银行

现金支票存根

1 0 2 0 1 5 2 0

02013243

2011.贵昌证券印刷厂印刷

附加信息

出票日期 2011 年 12 月 05 日

收款人：章玮
金　额：￥451.00
用　途：报业务费

单位主管　　　　会计

附件 15-2

差 旅 费 报 销 单

部门：供销科　姓名：章玮　　2011 年 12 月 05 日填　　借支金额：无　　出差事由：

项目	附单据张数	金额		伙食补助费明细							
		报销数	核销数	起讫日期	起讫地点	交通工具	人数	天数	补助费		夜车补助
									标准	金额	
车船费	30	91.00	91.00								
住宿费		280.00	280.00								
市内交通费											
行李费											
通信费											
伙食补助费		80.00	80.00								
合计		¥451.00	¥451.00								

审校：　　　　　　部门主管：　　　　　　经领人：

附件 16-1

江西省地方税务局通用机打发票

发票联

发票代码；236001201701

发票号码：31561823

密　码　：

客户名称：华发股份有限责任公司

行业分类：通用发票

开票日期：2011 年 12 月 05 日　　　　收款员：manager

机器编号：0000034220024627

税　　号：360103570927171

收款单位：贵昌市金味食府酒家

项目	单价	数量	金额
餐费	1 280.00	1	1 280.00

小写金额：¥1 280.00

大写金额：壹仟贰佰捌拾元整

税控码：1250 5210 0535 0557 0715

附件 17-1

中国电信 CHINA TELECOM

中国电信股份有限公司江西分公司通信费专用发票

全国统一发票监制 江西省 发票联 地方税务局监制

发票代码：236000940389

发票号码：43513425

2011 年 12 月 06 日

用户号码		用户名称	华发股份有限责任公司	合同号	
通信费计费周期（2011 年 10 月至 2011 年 11 月）				销账费用明细	
话费					
备注	说明：本发票使用至 2011 年 12 月底，过期作废，手写无效				
本次实收	（大写）伍佰捌拾元整				¥580.00
上次结余		本次销账		本次结余	

中国电信股份有限公司江西分公司 360101669787597 发票专用章

附件 17-2

汇 付 款 通 知 单

收款单位	中国电信股份有限公司江西分公司		
汇入银行及账号			
汇付金额	⊗伍佰捌拾元整 ¥580.00		
汇款方式	现金	要求汇出时间	
汇款原因：支付电话费			
汇款通知人		部门负责人	叶林
通知日期 2011 年 12 月 06 日		财务签收	

附件 18-1

借　据

20　　年　月　日

今收到________________________________

人民币（大写）______________ ¥______________

借款事由________________________________

____

____

____

批准人：　　　单位负责人：　　　借款人：

本借据不予退回，报销时作报销证明。

附件 18-2

中国工商银行

现金支票存根

1 0 2 0 1 5 2 0

02013244

2011.贵昌证券印刷厂印刷

附加信息________________________________

____

____

出票日期 2011 年 12 月 06 日

收款人：黄强
金　额：¥2 000.00
用　途：借差旅费

单位主管　　　　会计

附件 19-1

江西省鹰潭市建筑业发票

鹰潭建筑号：№ 0008780

（印章：全国统一发票监制 江西省 发票联 地方税务局监制）

2011 年 12 月 6 日

工程项目	工程号	工程造价		进度款项		金额							
		金额	直接费	各种料	进度款	十	万	千	百	十	元	角	分
修墙						¥	1	0	0	0	0	0	0
合计人民币（大写）⊗壹万元整													

（印章：广丰县第一建筑公司 财务专用章）

签章：　　　　收款人：　　　　开票人：

附件 20-1

产　品　销　售　单

№ 0006076

2011 年 12 月 6 日

单位	江西省南城县奋进公司		车号		
产品名称	规格	单位	计划数	单价	金额（元）
丙产品	99.99%	件	340	900	306 000
备注					不含税价

三发货返财务

发货：　　　　制单：

附件 20-2

3600118140

江西省增值税专用发票

江西 发票联 国家税务总局监制

№ 00376345

开票日期：2011 年 12 月 06 日

购货单位	名称：江西省南城县奋进公司 纳税人识别号：36002110052008 地址、电话：南城县城北路 68 号 开户行及账号：建行南城县支行 36001550310050000 1391			密码区	略		
货物或应税劳务名称	规格型号	单位	数量	单价	金额	税率	税额
丙产品		件	340	900.00	306 000.00	17%	52 020.00
合计					¥306 000.00		¥52 020.00
价税合计（大写）	⊗叁拾伍万捌仟零贰拾元整				（小写） ¥358 020.00		
销货单位	名称：华发股份有限责任公司 纳税人识别号：36062110022004 地址、电话：贵昌市工业大道 118 号 0701-4661065 开户行及账号：工行贵昌市支行 1502320002230002264			备注	销售明细见销货清单 华发股份有限责任公司 360621100220024 发票专用章		

收款人： 复核： 开票人：吴宏辉 销货单位（章）

第一联：记账联 销货方记账凭证

附件 21-1

3600118140

江西省增值税专用发票

江西 发票联 国家税务总局监制

№ 00376346

开票日期：2011 年 12 月 06 日

购货单位	名称：山东益力公司 纳税人识别号：37004110082019 地址、电话：青岛市中山路 38 号 开户行及账号：工行青岛市支行 1602230009300020264				密码区	略	
货物或应税劳务名称	规格型号	单位	数量	单价	金额	税率	税额
甲产品		千克	300	600.00	180 000.00	17%	30 600.00
合计					¥180 000.00		¥30 600.00
价税合计（大写）	⊗贰拾壹万零陆佰元整				（小写）¥210 600.00		
销货单位	名称：华发股份有限责任公司 纳税人识别号：36062110022004 地址、电话：贵昌市工业大道 118 号 0701-4661065 开户行及账号：工行贵昌市支行 1502320002230002264				备注	销售明细见销货清单 华发股份有限责任公司 360621100220024 发票专用章	

收款人：　　复核：　　开票人：吴宏辉　　销货单位（章）

第一联：记账联 销货方记账凭证

附件 21-2

中国工商银行进账单（回单或收账通知） 1 第 号

2011 年 12 月 06 日

签发人	全称	山东益力公司	收款人	全称	华发股份有限责任公司							
	账号	1602230009300020264		账号	1502320002230002264							
	开户银行	工行青岛市支行		开户银行	工行贵昌市支行							
人民币（大写）：⊗贰拾壹万零陆佰元整			千	百	十	万	千	百	十	元	角	分
				¥	2	1	0	6	0	0	0	0
票据种类			中国工商银行贵昌市支行 2011.12.06 办讫 收款人开户行盖章									
票据张数												
单位主管 会计 复核 记账												

此联是收款人开户银行交给收款人的回单或收账通知

附件 21-3

产 品 销 售 单

№ 0006077

2011 年 12 月 6 日

单位	山东益力公司		车号		
产品名称	规格	单位	计划数	单价	金额（元）
丙产品	99.99%	kg	300	600	180 000
备注					不含税价

三发货返财务

发货： 制单：

附件 22-1

汇 付 款 通 知 单

收款单位	杭州玻璃钢化工设备厂		
汇入银行及账号	工行杭州市支行兴安分理处 1202206009300002456		
汇付金额	⊗壹万元整　　　¥10 000.00		
汇款方式	转支	要求汇出时间	
汇款原因：支付设备余款			
汇款通知人		部门负责人	叶林
通知日期 2011 年 12 月 06 日		财务签收	

附件 22-2

中国工商银行
转账支票存根
1 0 2 0 3 6 1 0
01402704

2011.贵昌证券印刷厂印刷

附加信息

出票日期 2011 年 12 月 06 日

收款人：	杭州玻璃钢化工设备厂
金　额：	¥10 000.00
用　途：	设备余款

单位主管　　　　会计

附件 23-1

中国工商银行信汇凭证（收账通知或取款收据） 4 第 号

委托日期 2011 年 12 月 06 日　　应解汇款编号：

<table>
<tr><td rowspan="3">汇款人</td><td>全称</td><td colspan="3">南昌房屋修备公司</td><td rowspan="3">收款人</td><td>全称</td><td colspan="10">华发股份有限责任公司</td></tr>
<tr><td>账号或住址</td><td colspan="3">36012200014486600324</td><td>账号或住址</td><td colspan="10">1502320002230002264</td></tr>
<tr><td>汇出地点</td><td>江西省南昌市</td><td>汇出行名称</td><td>阳办</td><td>汇入地点</td><td colspan="10">工行贵昌市支行</td></tr>
<tr><td rowspan="2">金额</td><td rowspan="2">人民币（大写）</td><td colspan="3" rowspan="2">叁仟元整</td><td></td><td>千</td><td>百</td><td>十</td><td>万</td><td>千</td><td>百</td><td>十</td><td>元</td><td>角</td><td>分</td></tr>
<tr><td></td><td></td><td></td><td></td><td>¥</td><td>3</td><td>0</td><td>0</td><td>0</td><td>0</td><td>0</td></tr>
<tr><td colspan="9">汇款用途：工程垫付款</td><td colspan="8">留行待取预留收款人印鉴</td></tr>
<tr><td colspan="5">上列款项已代进账，如有错误，请持此联来行洽谈。
汇入行盖章
年 月 日</td><td colspan="4">上列款项已照收无误
收款人盖章
年 月 日</td><td colspan="8">科目（借）
对方科目（贷）
汇入行解汇日期 2011 年 12 月 5 日
复核 出纳 记账</td></tr>
</table>

（印章：中国工商银行贵昌市支行 2011.12.06 办讫）

此联给收款人的收款通知或代取收据

附件 24-1；附件 24-2

江西省公路汽车车售客票

7	1
8	2
9	3
10	4
11	5
12	6

12 月 7 日

贵昌至南昌

昌 0244600

10.00 元

江西省公路汽车车售客票

7	1
8	2
9	3
10	4
11	5
12	6

12 月 7 日

南昌至贵昌

昌 0244896

10.00 元

附件 24-3

南昌市大众超市管理有限公司机打发票

发票联

发票代码 136011145301

发票号码 04553628

开票日期：2011 年 12 月 07 日　　行业分类：货物销售

付款方名称	华发股份有限责任公司	地址及电话		税务登记号	
品名及项目	规格或说明	单位	数量	单价	金额
账本		本	10	8.0	80.00
打印纸		盒	10	45.0	450.0
笔		盒	15	18.0	27.00
合计人民币（大写）⊗捌佰元整					¥800.00
收款方名称：南昌市大众超市管理有限公司			税务登记号	36010176961992	

第二联发票联

财务负责人：　　复核：　　填票：黄影

附件 25-1

借款偿还凭证（传票回单）

编号：

借款单位名称	华发股份有限责任公司	放款账号		存款账号	1502320002230002264						
偿还借款金额（大写）叁拾万元整				十	万	千	百	十	元	角	分
				3	0	0	0	0	0	0	0
请（已）从____号账户内（以现金）付出归还（收回）上列借款 此致 银行（单位） 单位（银行） 盖章				记账日期　2011 年 12 月 07 日 会计分录： 借 ________ ¥ ________ 元 贷 ________ 元 贷 ________ ¥ 元 日记账（主管）　复核（会计）　记账							

注：（1）使用时可根据需要填制若干份，如为不定期的或定期的部分收回，可填制一式两份；如为定期放出整笔按期收回的，可只填一联以原借款借据退回作回单。

（2）使用为传票或回单，可将不适用的字样划掉。

附件 26-1

中国工商银行
转账支票存根
1 0 2 0 3 6 1 0
01402705

2011.贵昌证券印刷厂印刷

附加信息

出票日期 2011 年 12 月 07 日

收款人：江西樟树模型厂
金　额：¥10 000.00
用　途：支付备件款

单位主管　　　　会计

附件 26-2

中国工商银行信汇凭证（回单）　　1

委托日期 2011 年 12 月 07 日

签发人	全称	华发股份有限责任公司	收款人	全称	江西樟树模型厂
	账号	1502320002230002264		账号	略
	开户银行	中国工商银行贵昌市支行		开户银行	略

金额	千	百	十	万	千	百	十	元	角	分
人民币（大写）壹万元整			¥	1	0	0	0	0	0	0

票据种类		汇出行盖章
票据张数		中国工商银行贵昌市支行 2011.12.07 办讫
单位主管　会计　复核　记账		年　月　日

此联汇出行给汇款人的回单

附件 27-1

中国工商银行
转账支票存根
1 0 2 0 3 6 1 0
01402706

2011.贵昌证券印刷厂印刷

附加信息

出票日期 2011 年 12 月 07 日

收款人：总公司财务科 肖芳	
金　额：¥300 000.00	
用　途：支付材料款	

单位主管　　　　会计

附件 27-2

汇　付　款　通　知　单

收款单位	江南冶炼总公司		
汇入银行及账号	工行贵昌市支行 1502320002210003262		
汇付金额	⊗叁拾万元整　¥300 000.00		
汇款方式	转支	要求汇出时间	2011. 12
汇款原因：支付材料款			
汇款通知人		部门负责人	叶林
通知日期 2011 年 12 月 07 日		财务签收	

附件 28-1

中国工商银行进账单（回单或收账通知） 1 第 号

2011 年 12 月 07 日

签发人	全称	河北无线电厂	收款人	全称	华发股份有限责任公司
	账号	040225042089870634		账号	1502320002230002264
	开户银行	工行张家口桥东支行		开户银行	工行贵昌市支行

人民币（大写）：⊗壹拾万元整	千	百	十	万	千	百	十	元	角	分
		¥	1	0	0	0	0	0	0	0

票据种类		
票据张数		中国工商银行贵昌市支行 2011.12.07 办讫
单位主管 会计 复核 记账		收款人开户行盖章

此联是收款人开户银行交给收款人的回单或收账通知

附件 29-1

汇 付 款 通 知 单

收款单位	江西省有色冶金安装队		
汇入银行及账号	招行南昌分行站前路支行 791902454810216		
汇付金额	⊗壹拾万元整 ¥100 000.00		
汇款方式	转支	要求汇出时间	2011.12
汇款原因：支付工程款			
汇款通知人		部门负责人	叶林
通知日期 2011 年 12 月 08 日		财务签收	

附件 29-2

中国工商银行
转账支票存根
1 0 2 0 3 6 1 0
01402707

2011.贵昌证券印刷厂印刷

附加信息

出票日期 2011 年 12 月 08 日

收款人：江西省有色冶金安装队
金　额：¥100 000. 00
用　途：工程款

单位主管　　　　会计

附件 30-1

江西省贵昌市饮食业统一发票

发　票　联

全国统一发票监制章 江西省 地方税务局监制

2011 年 12 月 8 日

项目	单价	数量	金额						
			万	千	百	十	元	角	分
酒桌	498	1			4	9	8	0	0
合计				¥	4	9	8	0	0
合计（大写）人民币肆佰玖拾捌元整									

贵昌市好运酒楼 财务专用章

收款单位：　　　　开票人：　　　　收款人：张强

附件 30-2

中国工商银行
现金支票存根
1 0 2 0 1 5 2 0
02013245

2011.贵昌证券印刷厂印刷

附加信息

出票日期 2011 年 12 月 08 日

收款人：刘玮

金　额：¥498.00

用　途：餐费

单位主管　　　　会计

附件 31-1

中国工商银行结算业务收费凭证（回单）

2011 年 12 月 08 日

付款人	全称	华发股份有限责任公司		收款人	全称	中国工商银行　行处	
	开户银行	工行贵昌市支行	账号 1502320002230002264		开户银行		账号

结算内容	笔数	手续费 百	十	元	角	分	邮电费 百	十	元	角	分	小计 千	百	十	元	角	分	备注
现金支票														2	0	0	0	
转账支票														4	0	0	0	
													¥	6	0	0	0	
合计金额（人民币大写）	⊗陆拾元整																	会计分录 贷＿＿ 借＿＿ 复核员 记账员

（印章：中国工商银行贵昌市支行 2011.12.08 办讫）

此联是收款人开户银行交给收款人的回单或收账通知

附件 32-1

中国工商银行
现金支票存根
1 0 2 0 1 5 2 0
02013246

2011.贵昌证券印刷厂印刷

附加信息

出票日期 2011 年 12 月 08 日

收款人：孔德	
金　额：¥6 552.40	
用　途：承包费	

单位主管　　　　会计

附件 32-2

汇 付 款 通 知 单

收款单位	孔德		
汇入银行及账号			
汇付金额	⊗陆仟伍佰伍拾贰元肆角整　¥6 552.40		
汇款方式	现支	要求汇出时间	2011.12
汇款原因：支付承包费			
汇款通知人		部门负责人	叶林
通知日期 2011 年 12 月 08 日		财务签收	

附件 33-1

上海证券中央登记清算公司

2011 年 12 月 08 日

成交过户交割凭单			
股东编号：	A168281348	成交证券：	博瑞传播
电脑编号：	83568	成交数量：	8 000（股）
公司编号：	9876	成交价格：	13. 90 元
申请编号：	278	成交金额：	111 200 元
申报时间：	13:30	标准佣金：	111. 20 元
成交时间：	14:28	过户费用：	8 元
上交余额：	0（股）	印花税：	111. 20 元
本次成交：	8 000（股）	附加费用：	
本次余额：	8 000（股）	应收金额：	元
		实付金额：	110 969. 60 元

（印章：××市证券交易所）

经办单位： 客户签章：

附件 34-1

工资结算汇总表

2011 年 12 月

部门		应发工资						代扣代缴明细									计税工资	个人所得税	实发工资
		工资明细			扣款明细		合计	公积金（10%）	养老保险（8%）	失业保险（1%）	医疗保险（2%）	房租	水电	工会会费（0.5%）	其他	合计			
		基本工资	效益工资	津贴	病假	事假													
办公室（1）		31 900.00	8 200.00	2 100.00			42 200.00	4 220.00	3 376.00	422.00	844.00			211.00		9 073.00	27 852.00	152.00	32 975.00
办公室（1）		23 800.00	3 600.00	1 200.00			28 600.00	2 860.00	2 288.00	286.00	572.00			143.00		6 149.00	22 594.00	112.00	22 339.00
一车间	甲	30 350.00	19 000.00	630.00			49 980.00	4 998.00	3 998.40	499.80	999.60	448.00	218.00	249.90		11 411.70	39 484.20		38 568.30
	乙	22 960.00	13 120.00	520.00			36 600.00	3 660.00	2 928.00	366.00	732.00	146.00	86.00	183.00		8 101.00	28 914.00		28 499.00
	管理	6 680.00	3 240.00	360.00			10 280.00	1 028.00	822.40	102.80	205.60			51.40		2 210.20	8 121.20		8 069.80
二车间	丙	24 600.00	15 740.00	480.00			40 820.00	4 082.00	3 265.60	408.20	816.40	248.00	120.00	204.10		9 144.30	33 247.80		31 675.70
	管理	6 290.00	3 140.00	320.00			9 750.00	975.00	780.00	97.50	195.00			48.75		2 096.25	7 702.50		7 653.75
维修车间		15 630.00	8 790.00	390.00			24 810.00	2 481.00	1 984.80	248.10	496.20	180.00	122.00	124.05		5 636.15	19 599.90		19 173.85
销售部		16 520.00	18 760.00	420.00			35 700.00	3 570.00	2 856.00	357.00	714.00			178.50		7 675.50	28 203.00	24.50	28 000.00
工程部		14 550.00	6 650.00	280.00			21 480.00	2 148.00	1 718.40	214.80	429.60	178.00	54.00	107.40		4 850.20	16 969.20		16 629.80
科技部		14 600.00	7 800.00	680.00			23 080.00	2 308.00	1 846.40	230.80	461.60			115.40		4 962.20	18 233.20	4.50	18 113.30
合计		207 880.00	108 040.00	7 380.00			323 300.00	32 330.00	25 864.00	3 233.00	6 466.00	1 200.00	600.00	1 616.50		71 309.50	255 407.00	293.00	251 697.50

审核：　　　　　　　　制表：肖健

附件 34-2

中国工商银行
转账支票存根
10203610
01402708

2011.贵昌证券印刷厂印刷

附加信息

出票日期 2011 年 12 月 09 日

收款人：刘娟	
金　额：¥251 697.50	
用　途：工资薪酬	

单位主管　　　　会计

附件 35-1

领　料　单

冶领编号：1205

领料单位　　　　开单日期　　年　月　日

发料单位　　　　发料日期　　年　月　日限　　天内有效

货号编号	材料名称	型号规格	单位	数量		单价	金额
				请领	实发		
领料根据及用途							

四材料会计

发料　　　　材料计划　　　　领料主管　　　　领料

附件 36-1

中国工商银行
现金支票存根
1 0 2 0 1 5 2 0
02013247

2011.贵昌证券印刷厂印刷

附加信息

出票日期 2011 年 12 月 09 日

收款人：刘娟	
金　额：¥1 500.00	
用　途：备用金	

单位主管　　　　会计

附件 37-1

中国工商银行
转账支票存根
1 0 2 0 3 6 1 0
01402709

2011.贵昌证券印刷厂印刷

附加信息

出票日期 2011 年 12 月 09 日

收款人：贵昌市运输公司	
金　额：¥2 155.00	
用　途：运输费	

单位主管　　　　会计

附件 37-2

货物托运业专用发票

发 票 联

№ 00216031

客户：华发股份有限责任公司

2011 年 12 月 09 日

货物名称	件数	重量	包装	费用项目	费用金额						
					万	千	百	十	元	角	分
材料等				运输服务费		2	1	5	5	0	0
					¥	2	1	5	5	0	0
合计人民币（大写）⊗贰仟壹佰伍拾伍元整					¥ 2 155.00						

第二联发票联

收款单位专用章：　　收款人：　　开票人：

附件 38-1

销 售 发 票

发 票 联

2011 年 12 月 9 日

项目	单价	金额							备注
		万	千	百	十	元	角	分	
化验费				3	0	0	0	0	
合计			¥	3	0	0	0	0	
合计（大写）人民币叁佰元整									

收款单位专用章：　　开票人：　　收款人：

附件 39-1

中国工商银行
转账支票存根
1 0 2 0 3 6 1 0
01402710

2011.贵昌证券印刷厂印刷

附加信息

出票日期 2011 年 12 月 09 日

收款人：总公司工会
金　额：￥43 333. 57
用　途：工会经费

单位主管　　　　会计

附件 39-2

汇 付 款 通 知 单

收款单位	总公司工会		
汇入银行及账号	工行贵昌市支行 1502320002210003262		
汇付金额	⊗肆万叁仟叁佰叁拾叁元伍角柒分　　￥43 333. 57		
汇款方式	转支	要求汇出时间	
汇款原因：工会经费			
汇款通知人		部门负责人	叶林
通知日期 2011 年 12 月 09 日		财务签收	

附件 40-1

中国工商银行
转账支票存根
1 0 2 0 3 6 1 0
01402711

2011.贵昌证券印刷厂印刷

附加信息

出票日期 2011 年 12 月 09 日

收款人：贵昌市慈善总会
金　额：¥20 000.00
用　途：捐款

单位主管　　　会计

附件 40-2

汇 付 款 通 知 单

<table>
<tr><td>收款单位</td><td colspan="3">贵昌市慈善总会</td></tr>
<tr><td>汇入银行
及 账 号</td><td colspan="3">建行贵昌市支行 36001650380060001128</td></tr>
<tr><td>汇付金额</td><td colspan="3">⊗贰万元整　　¥20 000.00</td></tr>
<tr><td>汇款方式</td><td>转支</td><td>要求汇出
时　　间</td><td></td></tr>
<tr><td colspan="4">汇款原因：捐款</td></tr>
<tr><td>汇　款
通知人</td><td></td><td>部　门
负责人</td><td>叶林</td></tr>
<tr><td colspan="2">通知日期 2011 年 12 月 09 日</td><td colspan="2">财务签收</td></tr>
</table>

附件 40-3

江西省行政事业收费收据

№ 00022869

交款单位：华发股份有限责任公司　　　2011 年 12 月 09 日

收费项目及名称	单位	数量	收费标准	金额							
				十	万	千	百	十	元	角	分
捐款			贵昌市慈善总会 财务专用章		2	0	0	0	0	0	0
合计（大写）贰万元整				¥	2	0	0	0	0	0	0

征收单位：　　　　　　收款人：　　　　　　开票人：

附件 41-1

中国工商银行**信汇**凭证（回单）　　1

委托日期 2011 年 12 月 09 日

汇款人	全称	华发股份有限责任公司			收款人	全称	杭州玻璃钢化工设备厂		
	账号或住址	1502320002230002264				账号或住址	12025200960034500456		
	汇出地点	江西省贵昌市	汇出行名称	工行贵昌市支行		汇入地点	浙江省杭州市	汇入行名称	工行杭州市支行兴安分理处

金额	人民币（大写）伍万元整	千	百	十	万	千	百	十	元	角	分
				¥	5	0	0	0	0	0	0

汇款用途：工程款	汇出行盖章 中国工商银行贵昌市支行 2011.12.09 办　讫 2011 年 12 月 09 日
上列款项已根据委托办理，如需查询，请持此回单来行面洽。	
单位主管　　会计　　复核　　记账	

此联汇出行给汇款人的回单

附件 41-2

汇付款通知单

收款单位	杭州玻璃钢化工设备厂		
汇入银行及账号	工行杭州市支行兴安分理处 12025200960034500456		
汇付金额	⊗伍万元整 ¥50 000.00		
汇款方式	信汇	要求汇出时间	
汇款原因：工程款			
汇款通知人		部门负责人	叶林
通知日期 2011 年 12 月 09 日		财务签收	

附件 42-1

中国工商银行 INDUSTRIAL AND COMMERCIAL BANK OF CHINA

电子缴税付款凭证

转账日期：2011 年 12 月 12 日　　凭证字号：09162257

纳税人全称及纳税人识别号：华发股份有限责任公司 360621100220024

付款人全称：华发股份有限责任公司

付款人账号：15023200022300022264　　征收机关名称：贵昌市地税局

付款人开户银行：中国工商银行贵昌市支行　　收款国库（银行）名称：工行

小写（合计）金额：¥ 34 927.02　　缴款书交易流水号：201112122045

大写（合计）金额：叁万肆仟玖佰贰拾柒元零贰分　　税票号码 P：2011121220450180764

税（费）名称	所属时间	实缴金额
城市维护建设税	20111101 - 20111130	15 147.55
营业税	20111101 - 20111130	7 089.79
教育费附加	20111101 - 20111130	6 491.81
地方教育费附加	20111101 - 20111130	4 327.87
价格调节基金	20111101 - 20111130	850.00
水利建设专项资金	20111101 - 20111130	1 020.00

（印章：中国工商银行贵昌市支行 2011.12.12 办讫）

第 1 次打印　　打印时间：2011121211：41：18

记账　　复核

附件 43-1

中国工商银行 INDUSTRIAL AND COMMERCIAL BANK OF CHINA

电子缴税付款凭证

转账日期：2011 年 12 月 12 日　　　　凭证字号：09162265

纳税人全称及纳税人识别号：华发股份有限责任公司 360621100220024

付款人全称：华发股份有限责任公司

付款人账号：1502320002230002264　　　　征收机关名称：贵昌市国税局

付款人开户银行：中国工商银行贵昌市支行　　　　收款国库（银行）名称：工行

小写（合计）金额：¥ 209 303. 79　　　　缴款书交易流水号：201112121062

大写（合计）金额：贰拾万零玖仟叁佰零叁元柒角玖分　　　　税票号码 P：2011121220380180764

税（费）名称	所属时间	实缴金额
增值税	20111101 – 20111130	209 303. 79

中国工商银行贵昌市支行 2011. 12. 12 办讫

第 1 次打印　　　　打印时间：2011121211：54：34

记账　　　　复核

附件 44-1

中国工商银行

转账支票存根

1 0 2 0 3 6 1 0

01402712

2011.贵昌证券印刷厂印刷

附加信息

出票日期 2011 年 12 月 12 日

收款人：	广丰县第一建筑公司
金　额：	¥100 000. 00
用　途：	支付工程进度款

单位主管　　　　会计

附件 44-2

汇付款通知单

收款单位	广丰县第一建筑公司		
汇入银行 及账号	农行广丰县支行 1405510104004516		
汇付金额	⊗壹拾万元整　　¥100 000.00		
汇款方式	转支	要求汇出 时　间	
汇款原因：工程进度款			
汇　款 通知人		部　门 负责人	叶林
通知日期 2011 年 12 月 12 日		财务签收	

附件 45-1

中国工商银行
现金支票存根
1 0 2 0 1 5 2 0
02013248

2011.贵昌证券印刷厂印刷

附加信息

出票日期 2011 年 12 月 12 日

收款人：	江安等
金　额：	¥4 000.00
用　途：	困难补助

单位主管　　　　会计

附件 45-2

2011 年职工困难补助发放表

2011 年 12 月 12 日

姓名	补助金额	签名	姓名	补助金额	签名
江安	1 000 元	略	付五财	300 元	略
陈芳	800 元	略	谢来保	200 元	略
吴环利	500 元	略	易　表	100 元	略
张学萍	300 元	略	刘　度	100 元	略
欧阳方	300 元	略	邓贡甸	100 元	略
万庆强	300 元	略	合　计	4 000 元	略

复核：　　　　　　　　　　　　制单：

附件 46-1

中国工商银行
现金支票存根
1 0 2 0 1 5 2 0
02013249

2011.贵昌证券印刷厂印刷

附加信息

出票日期 2011 年 12 月 12 日

收款人：江西日报社	
金　额：¥4 800.00	
用　途：报刊费	

单位主管　　　　　会计

附件 46-2

贵昌市报刊发行专用发票

户名：华发股份有限责任公司

地址：贵昌市工业大道 118 号　　　　2011 年 12 月 12 日

报纸代号	报刊名称	订阅份数	起止订期	每月份数	共计金额 百	十	万	千	百	十	元	角	分
103	江南都市报	50	2012. 1—12	全年				4	0	0	0	0	0
105	江西日报	4	2012. 1—12	全年					8	0	0	0	0
金额合计（大写）肆仟捌佰元整							¥	4	8	0	0	0	0

附件 47-1

中国工商银行信汇凭证（回单）　1

委托日期 2011 年 12 月 13 日

汇款人	全称	华发股份有限责任公司			收款人	全称	浙江减速机有限公司		
	账号或住址	15023200022300002264				账号或住址	33010400880002899		
	汇出地点	江西省贵昌市	汇出行名称	工行贵昌市支行		汇入地点	浙江省杭州市	汇入行名称	建行杭州市支行
金额	人民币（大写）	伍仟伍佰壹拾叁元整			千 百 十 万 千 百 十 元 角 分				
					¥ 5 5 1 3 0 0				
汇款用途：支架款					汇出行盖章				
上列款项已根据委托办理，如需查询，请持此回单来行面洽。									
单位主管　会计　复核　记账					年　月　日				

此联汇出行给汇款人的回单

附件 47-2

汇 付 款 通 知 单

收款单位	浙江减速机有限公司		
汇入银行 及 账 号	建行杭州市支行 33011400094088002899		
汇付金额	⊗伍仟伍佰壹拾叁元整 ¥5 513.00		
汇款方式	信汇	要求汇出 时 间	
汇款原因：硫酸铜工程用的支架款			
汇 款 通知人		部 门 负责人	叶林
通知日期 2011 年 12 月 13 日		财务签收	

附件 47-3

厂机电设备验收单

工程项目：____ 目录编号：____ 合同号：____ 到货日期：2011 年12 月12 日 冶机设验____号

设备来源：____ 运单号：____ 机组号：____ 验收日期：2011 年12 月13 日 机设字____号

设备名称	型号及规格	单位	数量	单重（公斤）	总重（公斤）	出厂日期	产品编号	单价	总价
减速机支架	XLD5-55	台	1			2011 年 12 月	95655		¥5 513.00

制造厂：浙江减速机有限公司				随机资料	验收结论
付机名称：	型号规格：	付机名称：	型号规格：	产品 合格证____张 装箱单____张 图纸共____张 使用 说明书____本 安装 说明书____本	
出厂年月：	出厂编号：	出厂年月：	出厂编号：		
制造厂：		制造厂：			
付机名称：	型号规格：	付机名称：	型号规格：		
出厂年月：	出厂编号：	出厂年月：	出厂编号：		
制造厂：		制造厂：			

第二联：财务科

科长： 验收： 仓库保管： 机动科填单：

附件 47-4

3300119140

浙江省增值税专用发票

（印章：发票联 江西 国家税务总局监制）

№ 04125698

开票日期：2011 年 12 月 13 日

购货单位	名称：华发股份有限责任公司 纳税人识别号：36062110022004 地址、电话：贵昌市工业大道 118 号　0701-4661065 开户行及账号：工行贵昌市支行 1502320002230002264	密码区	略

货物或应税劳务名称	规格型号	单位	数量	单价	金额	税率	税额
支架					4 711.97	17%	801.03
合计					￥4 711.97		￥801.03
价税合计（大写）	⊗伍仟伍佰壹拾叁元整				（小写）￥5 513.00		

销货单位	名称：浙江减速机有限公司 纳税人识别号：3300220004988 地址、电话：杭州市建国路 68 号 开户行及账号：建行杭州市支行 33011400094088002899	备注	销售明细见销货清单 （印章：浙江减速机有限公司 3300302350126 发票专用章）

收款人：张明　　复核：王芳　　开票人：黄莉　　销货单位（章）

第三联：发票联　购货方记账凭证

附件 47-5

设备出库单

治设（ ）字第 号

领用单位：（章） 工程部

开单日期：2011 年 12 月 13 日

工程项目	硫酸铜工程		机组号		出库日期	2011 年 12 月 13 日		
设备编号	设备名称	型号规格	单位	数量		单价（元）	总价（元）	备注
				请领数	实领数			
		XLD5-55	台	1	1		5 513	
设备附件				随机资料文件				
附件号	名称	规格型号	单位	数量	名称	份数	页数	备注

第二联：财务科

主管领导： 填单： 领用单位领导： 仓库保管： 提货人：

附件 48-1

中国工商银行

现金支票存根

1 0 2 0 1 5 2 0

02013250

附加信息

2011.贵昌证券印刷厂印刷

出票日期 2011 年 12 月 13 日

收款人：	胡伟
金　额：	¥1 000.00
用　途：	差旅费

单位主管 会计

附件 48-2

借　据

20　　年　月　日

今收到________________________________

人民币（大写）______________ ¥______________

借款事由________________________________

____

____

____

批准人：　　　　单位负责人：　　　　借款人：

本借据不予退回，报销时作报销证明。

附件 49-1

中国工商银行进账单（回单或收账通知）　1　第　号

2011 年 12 月 14 日

签发人	全称	浙江天力电子公司	收款人	全称	华发股份有限责任公司
	账号	33021450093000700848		账号	15023200022300002264
	开户银行	建行常山县支行		开户银行	工行贵昌市支行

人民币（大写）：⊗伍万叁仟元整	千	百	十	万	千	百	十	元	角	分
			¥	5	3	0	0	0	0	0

票据种类	中国工商银行贵昌市支行 2011.12.14 办讫
票据张数	
单位主管　会计　复核　记账	收款人开户行盖章

此联是收款人开户银行交给收款人的回单或收账通知

附件 49-2

3600119140

江西增值税专用发票

No 00376347

开票日期：2011 年 12 月 14 日

购货单位	名称：浙江天力电子公司 纳税人识别号：330041100082019 地址、电话：常山县建国路 48 号 开户行及账号：建行常山县支行 33021450093000700848				密码区	略	
货物或应税劳务名称	规格型号	单位	数量	单价	金额	税率	税额
丙产品		件	50	900.00	45 000.00	17%	7 650.00
合计					¥45 000.00		¥7 650.00
价税合计（大写）	⊗伍万贰仟陆佰伍拾元整				（小写）¥52 650.00		
销货单位	名称：华光股份有限责任公司 纳税人识别号：360621100220024 地址、电话：南昌市工业大道 118 号 0701-4661065 开户行及账号：工行南昌市支行 1502320002230002264				备注	销售明细见销货清单	

收款人：　　复核：　　开票人：黄倩　　销货单位（章）

第一联：记账联　销货方记账凭证

附件 48-2

借　据

20　　年　月　日

今收到________________________________

人民币（大写）______________ ¥ ______________

借款事由______________________________

____

____

____

批准人：　　　　　单位负责人：　　　　　借款人：

本借据不予退回，报销时作报销证明。

附件 49-1

中国工商银行进账单（回单或收账通知）　1　第　号

2011 年 12 月 14 日

签发人	全称	浙江天力电子公司	收款人	全称	华发股份有限责任公司
	账号	33021450093000700848		账号	15023200022300002264
	开户银行	建行常山县支行		开户银行	工行贵昌市支行

人民币（大写）：⊗伍万叁仟元整	千	百	十	万	千	百	十	元	角	分
			¥	5	3	0	0	0	0	0

票据种类	中国工商银行贵昌市支行 2011.12.14 办讫
票据张数	
单位主管　会计　复核　记账	收款人开户行盖章

此联是收款人开户银行交给收款人的回单或收账通知

附件 49-2

3600119140

江西省增值税专用发票

江西 发票联 国家税务总局监制

№ 00376347

开票日期：2011 年 12 月 14 日

购货单位	名称：浙江天力电子公司 纳税人识别号：33004110082019 地址、电话：常山县建国路 48 号 开户行及账号：建行常山县支行 33021450093000700848			密码区	略		
货物或应税劳务名称	规格型号	单位	数量	单价	金额	税率	税额
丙产品		件	50	900.00	45 000.00	17%	7 650.00
合计					¥45 000.00		¥7 650.00
价税合计（大写）	⊗伍万贰仟陆佰伍拾元整				（小写）¥52 650.00		
销货单位	名称：华发股份有限责任公司 纳税人识别号：36062110022004 地址、电话：贵昌市工业大道 118 号 0701-4661065 开户行及账号：工行贵昌市支行 15023200022300022264			备注	销售明细见销货清单 华发股份有限责任公司 360621100220024 发票专用章		

收款人： 复核： 开票人：黄倩 销货单位（章）

第一联：记账联 销货方记账凭证

附件 49-3

产 品 销 售 单

№ 0006078

2011 年 12 月 14 日

单位	浙江天力电子公司		车号		
产品名称	规格	单位	计划数	单价	金额（元）
丙产品	99.99%	件	50	900	45 000
备注					（不含税）

三发货返财务

发货：　　　　　　　　　　制单：

附件 50-1

汇 付 款 通 知 单

收款单位	江苏张泽化工厂		
汇入银行及账号	张泽信用社 744011008396		
汇付金额	⊗贰仟叁佰柒拾玖元整　　¥2 379.00		
汇款方式	信汇	要求汇出时间	
汇款原因：购配件			
汇款通知人		部门负责人	叶林
通知日期 2011 年 12 月 14 日		财务签收	

附件 50-2

3200118140

江苏省增值税专用发票

（江西 发票联 国家税务总局监制）

№ 00602346

开票日期：2011 年 12 月 14 日

购货单位	名称：华发股份有限责任公司 纳税人识别号：36062110022004 地址、电话：贵昌市工业大道 118 号 0701-4661065 开户行及账号：工行贵昌市支行 1502320002230002264			密码区	略		
货物或应税劳务名称	规格型号	单位	数量	单价	金额	税率	税额
备件		件	200		1 930. 77	17%	328. 23
合计					¥1 930. 77		¥328. 23
价税合计（大写）	⊗贰仟贰佰伍拾玖元整				（小写） ¥2 259. 00		
销货单位	名称：江苏张泽化工厂 纳税人识别号：3200220004988 地址、电话：宜兴市张泽县爱国路 68 号 开户行及账号：张泽信用社 744011008396			备注	销售明细见销货清单 （江苏张泽化工厂 744011008396 发票专用章）		

收款人：　　复核：王利　　开票人：李芳芳　　销货单位（章）

第三联：发票联 购货方记账凭证

附件 50-3

中国工商银行信汇凭证（回单）　1

委托日期 2011 年 12 月 14 日

汇款人	全称	华发股份有限责任公司			收款人	全称	江苏张泽化工厂		
	账号或住址	15023200022300022 64				账号或住址	744011008396		
	汇出地点	江西省贵昌市	汇出行名称	工行贵昌市支行		汇入地点	江苏省宜兴市	汇入行名称	张泽信用社

金额	千	百	十	万	千	百	十	元	角	分
人民币（大写）贰仟叁佰柒拾玖元整				¥	2	3	7	9	0	0

汇款用途：购配件	汇出行盖章 中国工商银行贵昌市支行 2011.12.14 办讫
上列款项已根据委托办理，如需查询，请持此回单来行面洽。	
单位主管　会计　复核　记账	年　月　日

此联汇出行给汇款人的回单

附件 50-4

江苏省宜兴市工业企业通用发票

№ 0121890

全国统一发票监制章 江西省 地方税务局监制

发票联

2011 年 12 月 12 日

名称				税务登记证号									
加工修理	规格	单位	数量	单价		十	万	千	百	十	元	角	分	备注
泵配件包装物发运费								¥	1	2	0	0	0	
人民币合计（大写）⊗壹佰贰拾元整									¥120.00					
企业名称	税务登记账号：32028220104005（加盖发票专用章）				开户行：宜兴市张泽信用社结算方式 账号：744011008396　电话：7441159									

地址：　　　开票人：　　　收款人：

附件 50-5

材 料 验 收 单

№ 001203

供货单位：　　　　　　　　年　　月　　日

材料编号	材料名称	规格	单位	数量		实际		备注
				应收	实收	单价	总价	

三会计

保管验收：　　　　　　　　采购员：

附件 51-1

领 料 单

冶领编号：1206

领料单位　　　　开单日期　年　月　日

发料单位　　　　发料日期　年　月　日限　天内有效

货号编号	材料名称	型号规格	单位	数量		单价（元）	金额（元）
				请领	实发		
领料根据及用途							

四材料会计

发料　　　　材料计划　　　　领料主管　　　　领料

附件 52-1

汇 付 款 通 知 单

收款单位	江苏靖江氟泵厂		
汇入银行 及 账 号	建行靖江市支行 32012502201048000568		
汇付金额	⊗叁仟壹佰柒拾元整　　¥3 170.00		
汇款方式	信汇	要求汇出 时　　间	
汇款原因：购买氟塑泵备件			
汇　款 通知人		部　门 负责人	叶林
通知日期 2011 年 12 月 15 日		财务签收	

附件 52-2

中国工商银行信汇凭证（回单）　1

委托日期 2011 年 12 月 15 日

汇款人	全称	华发股份有限责任公司			收款人	全称	江苏靖江氟泵厂				
	账号或住址	1502320002230002264				账号或住址	32012502201048000568				
	汇出地点	江西省贵昌市	汇出行名称	工行贵昌市支行		汇入地点	江苏省靖江市	汇入行名称	建行靖江市支行		
金额	人民币（大写）	叁仟壹佰柒拾元整			千	百	十	万	千	百	十	元	角	分
								¥	3	1	7	0	0	0
汇款用途：购备件					汇出行盖章						
上列款项已根据委托办理，如需查询，请持此回单来行面洽。					中国工商银行贵昌市支行 2011.12.15 办讫						
单位主管　会计　复核　记账					年　月　日						

此联汇出行给汇款人的回单

附件 52-3

材 料 验 收 单

№ 001204

供货单位：　　　　　　　　　　　　年　　月　　日

材料编号	材料名称	规格	单位	数量		实际		备注
				应收	实收	单价	总价	

三会计

保管验收：　　　　　　　　　　　　采购员：

附件 52-4

3200118140

江苏省增值税专用发票

江西 发票联 国家税务总局监制

№ 00402158

开票日期：2011 年 12 月 15 日

购货单位	名称：华发股份有限责任公司 纳税人识别号：36062110022004 地址、电话：贵昌市工业大道 118 号　0701-4661065 开户行及账号：工行贵昌市支行 1502320002230002264	密码区	略				
货物或应税劳务名称	规格型号	单位	数量	单价	金额	税率	税额
氟塑泵		件	250		2 709.41	17%	460.59
合计					¥2 709.41		¥460.59
价税合计（大写）	⊗叁仟壹佰柒拾元整				（小写）¥3 170.00		
销货单位	名称：江苏靖江氟泵厂 纳税人识别号：3200220004988 地址、电话：靖江市中山路 35 号　0523-84324568 开户行及账号：建行靖江市支行 32022010400188200568	备注	销售明细见销货清单 江苏靖江氟泵厂 3200220004988 发票专用章				

收款人：　　复核：　　开票人：张强　　销货单位（章）

第三联：发票联　购货方记账凭证

附件 53-1

3300115140

浙江省增值税专用发票

江西 发票联 国家税务总局监制

№ 08246713

开票日期：2011 年 12 月 15 日

购货单位	名称：华发股份有限责任公司 纳税人识别号：36062110022004 地址、电话：贵昌市工业大道 118 号 0701-4661065 开户行及账号：工行贵昌市支行 1502320002230002264			密码区	略		
货物或应税劳务名称	规格型号	单位	数量	单价	金额	税率	税额
刮片		片	10	35	350.00	17%	59.50
合计					¥350.00		¥59.50
价税合计（大写）	⊗肆佰零玖元伍角整				（小写）¥409.50		
销货单位	名称：浙江黄岩塑料厂 纳税人识别号：3300240002455 地址、电话：台州黄岩南城开发区 0576-843180813 开户行及账号：建行台州市支行 33001240410093602898			备注	销售明细见销货清单 浙江黄岩塑料厂 3300240002455 发票专用章		

第三联：发票联 购货方记账凭证

收款人： 复核： 开票人：张利 销货单位（章）

附件 53-2

材 料 验 收 单

№ 001205

供货单位：　　　　年　　月　　日

材料编号	材料名称	规格	单位	数量		实际		备注
				应收	实收	单价	总价	

三会计

保管验收：　　　　采购员：

附件 53-3

领 料 单

冶领编号：1207

领料单位　　　　开单日期　年　月　日

发料单位　　　　发料日期　年　月　日限　天内有效

货号编号	材料名称	型号规格	单位	数量		单价（元）	金额（元）
				请领	实发		
领料根据及用途							

四材料会计

发料　　　　材料计划　　　　领料主管　　　　领料

附件 54-1

货物托运业专用发票

发 票 联

№ 00218089

客户：华发股份有限责任公司　　　　2011 年 12 月 15 日

货物名称	件数	重量	包装	费用项目	费用金额					
					万	千	百	十	元	角
材料、产品				运输服务费		2	0	5	0	0
					¥	2	0	5	0	0
合计人民币（大写）⊗贰仟零伍拾元整					¥ 2 050. 00					

第二联 发票联

收款单位专用章：　　　　收款人：　　　　开票人：

附件 54-2

中国工商银行

现金支票存根

1 0 2 0 1 5 2 0

02013251

2011.贵昌证券印刷厂印刷

附加信息

出票日期 2011 年 12 月 15 日

收款人：章玮
金　额：¥2 050. 00
用　途：运输费

单位主管　　　　会计

附件 55-1

差 旅 费 报 销 单

部门：办公室　姓名：王信文　　2011 年 12 月 16 日填　　借支金额：无　出差事由：

项目	附单据张数	金额		伙食补助费明细							
		报销数	核销数	起讫日期	起讫地点	交通工具	人数	天数	补助费		夜车补助
									标准	金额	
车船费	2	301.00	301.00	11.12.8—12.12	杭州—鹰潭						
宿费											
市内交通费		15.00	15.00								
行李费											
邮电费											
伙食补助			75.00								
合计		¥391.00	¥391.00								

审校：　　　　　　部门主管：　　　　　　经领人：

附件 56-1

江西省贵昌市饮食业统一发票

发票联

2011 年 12 月 16 日

项目	单价	数量	金额						
			万	千	百	十	元	角	分
酒桌	桌	1			4	5	3	9	0
合计				¥	4	5	3	9	0
合计（大写）肆佰伍拾叁元玖角整									

收款单位：　　　　　　开票人：　　　　　　收款人：张强

附件 56-2

南昌市大众超市管理有限公司机打发票

发 票 联

发票代码 136011145301

发票号码 04554922

开票日期：2011 年 12 月 16 日　　行业分类：货物销售

付款方名称	华发股份有限责任公司	地址及电话		税务登记号	
品名及项目	规格或说明	单位	数量	单价	金额
账本		本	6	14.70	88.20
合计人民币（大写）⊗捌拾捌元贰角整					¥88.20
收款方名称：南昌市大众超市管理有限公司			税务登记号		360101769761992

第二联发票联

财务负责人：　　复核：　　填票：黄影

附件 56-3

中国工商银行

现金支票存根

1 0 2 0 1 5 2 0

02013252

附加信息

2011.贵昌证券印刷厂印刷

出票日期 2011 年 12 月 16 日

收款人：陈群	
金　额：¥542.10	
用　途：餐费与办公费	

单位主管　　会计

附件 57-1

江西省贵昌市服务业发票

发票号码　0591534

发　票　联

客户：　　　　　　　　　　　　　　　　　　　　2011 年 12 月 19 日

服务项目	单位	数量	单价	金额								备注
				十	万	千	百	十	元	角	分	
运输费							2	6	0	0	0	
						¥	2	6	0	0	0	
人民币（大写）⊗贰佰陆拾元整									¥260.00			

收款单位：　　　　　　　收款：　　　　　　　开票：

附件 57-2

江西省靖江县二轻机械厂发货单

№ 0021112

品种（材料）

名称		地址		2011 年 12 月 19 日		合同号		
品名	规格型号	单位	送发数	单位	金额	包装品	数量	金额
256B-18		台	5			小木箱	8	
磁力泵		台	5					

单位经手人：　　　　　　　　送货单位经手人：

附件 57-3

人民保险公司扬州分公司 支公司 / 办事处

№ 07120398

国内水路陆路货物运输保费收据

合同依照国内水路陆路货物保款及保单所注明的其他条件对下列货物收取保险费

保险人：　　　　投保人：氨合金厂

产品代码	货物名称	重量及件数	保险金额	保险率	保险费
P2774	泵	8	14 000 元	5‰	70
投保类别		运输工具		起用日期	
发站：常州	中转站	鹰潭南到站			
备注：人民币柒拾元整			保险公司或代理单位签章		

（印章：中国人民保险公司扬州分公司 合同专用章）

复核：　　　签章：　　　签章日期：2011 年 12 月 19 日

附件 57-4

设　备　出　库　单　　　冶设（　）字第　　号

领用单位：（章）　　　开单日期：　　年　月　日

工程项目			机组号		出库日期	2011 年 12 月 19 日		
设备编号	设备名称	型号规格	单位	数量		单价（元）	总价（元）	备注
				请领数	实领数			
	水泵	XLD－1205	台	5	5	2 665	13 325	
设备附件				随机资料文件				
附件号	名称	规格型号	单位	数量	名称	份数	页数	备注

第二联：财务科

主管领导：　　填单：　　领用单位领导：　　仓库保管：　　提货人：

附件 57-5

3200115140

江苏省增值税专用发票

发票联
江西
国家税务总局监制

№ 08006899

开票日期：2011 年 12 月 19 日

购货单位	名称：华发股份有限责任公司 纳税人识别号：36062110022004 地址、电话：贵昌市工业大道 118 号　0701-4661065 开户行及账号：工行贵昌市支行 1502320002230002264	密码区	略				
货物或应税劳务名称	规格型号	单位	数量	单价	金额	税率	税额
磁力泵		台	5	2 599. 00	12 995. 00	17%	2 209. 15
合计					¥12 995. 00		¥2 209. 15
价税合计（大写）	⊗壹万伍仟贰佰零肆元壹角伍分				（小写）¥15 204. 15		
销货单位	名称：江苏风氨泵阀公司 纳税人识别号：3200520025978 地址、电话：江苏省靖江市西街 83 号　0523-84334566 开户行及账号：工行靖江市支行 1102200010446002898	备注	销售明细见销货清单 江苏风氨泵阀公司 3200520025978 发票专用章				

收款人：　　复核：　　开票人：卢利　　销货单位（章）

第三联：发票联　购货方记账凭证

附件 57-6

机电设备验收单

工程项目：____ 目录编号：____ 合同号：____ 到货日期：2011 年12 月13 日 冶机设验：____号

设备来源：____ 运单号：____ 机组号：____ 验收日期：2011 年12 月19 日 机设字：____号

设备名称	型号及规格	单位	数量	单重（千克）	总重（千克）	出厂日期	产品编号	单价（元）	总价（元）

制造厂：江苏风氨泵阀公司				随机资料	验收结论
付机名称：	型号规格：	付机名称：	型号规格：	产品合格证____张 装箱单____张 图纸共____张 使用说明书____本 安装说明书____本	
出厂年月：	出厂编号：	出厂年月：	出厂编号：		
制造厂：		制造厂：			
付机名称：	型号规格：	付机名称：	型号规格：		
出厂年月：	出厂编号：	出厂年月：	出厂编号：		
制造厂：		制造厂：			

第二联：财务科

科长： 验收： 仓库保管： 机动科填单：

附件 58-1

产 品 销 售 单

№ 00006079

2011 年 12 月 19 日

产品名称	单位	计划数	单价	金额
甲产品	kg	300	702	210 600
备注				含税价

三发货返财务

发货： 制单：

附件 58-2

3600118140

江西省增值税专用发票

发票联
江西
国家税务总局监制

№ 00376348

开票日期：2011 年 12 月 19 日

购货单位	名称：河北成安试剂厂 纳税人识别号：13002110052008 地址、电话：河北省邯郸市成安县南环路　0310-6119316 开户行及账号：工行邯郸市成安县支行 0402320009300029478				密码区	略	
货物或应税劳务名称	规格型号	单位	数量	单价	金额	税率	税额
丙产品		件	300	600.00	180 000.00	17%	30 600.00
合计					¥180 000.00		¥30 600.00
价税合计（大写）	⊗贰拾壹万零陆佰元整				（小写）¥210 600.00		
销货单位	名称：华发股份有限责任公司 纳税人识别号：36062110022004 地址、电话：贵昌市工业大道 118 号　0701-4661065 开户行及账号：工行贵昌市支行 1502320002230002264				备注	销售明细见销货清单 华发股份有限责任公司 360621100220024 发票专用章	

第一联：记账联　销货方记账凭证

收款人：　　复核：　　开票人：吴倩　　销货单位（章）

附件 59-1

业务收费凭证

币种：人民币　　　　2011 年 12 月 20 日

付款人：华发股份有限责任公司		账号	15023200022300022264	
项目名称	工本费	手续费	电子汇划费	金额
转账支票	5	25		30.00
				中国工商银行贵昌市支行 2011.12.20 办讫
合计（人民币）叁拾元整				¥30.00
付款方式：转账				
业务类型：凭证出售　凭证种类：转账支票　出售起号：001402710　出售张数：25				

附件 60-1

中国工商银行借款利息凭证

2011 年 12 月 21 日

收款单位	账号	287	付款单位	账号	15023200022300022264
收款单位	户名	营业收入	付款单位	户名	华发股份有限责任公司
收款单位	开户银行	略	付款单位	开户银行	工行贵昌市支行
积数：110400000			利率：5%		利息：15 334.00
____户第四季度利息			科目________ 对方科目________ 复核员：　　记账员： 收款人开户行盖章		中国工商银行贵昌市支行 2011.12.21 办讫

附件 61-1

3600118140

江西省增值税专用发票

（发票联 江西 国家税务总局监制）

№ 08203856

开票日期：2011 年 12 月 21 日

购货单位	名称：华发股份有限责任公司 纳税人识别号：36062110022004 地址、电话：贵昌市工业大道 118 号　0701-4661065 开户行及账号：工行贵昌市支行 1502320002230002264			密码区	略		
货物或应税劳务名称	规格型号	单位	数量	单价	金额	税率	税额
编织袋		个	3 000	12.00	36 000.00	17%	6 120.00
合计					¥36 000.00		¥6 120.00
价税合计（大写）	⊗肆万贰仟壹佰贰拾元整				（小写）¥42 120.00		
销货单位	名称：江西长征公司 纳税人识别号：3600250026342 地址、电话：贵昌市中西街 35 号　0701-6338132 开户行及账号：工行贵昌市支行 150220100830006207 46			备注	销售明细见销货清单 （江西长征公司 3600250026342 发票专用章）		

收款人：　　复核：　　开票人：卢利　　销货单位（章）

第三联：发票联　购货方记账凭证

附件 61-2

汇 付 款 通 知 单

<table>
<tr><td>收款单位</td><td colspan="3">江西长征公司</td></tr>
<tr><td>汇入银行
及 账 号</td><td colspan="3">工行贵昌市支行 15022010083000620746</td></tr>
<tr><td>汇付金额</td><td colspan="3">⊗肆万贰仟壹佰贰拾元整　　　　¥42 120.00</td></tr>
<tr><td>汇款方式</td><td>转账</td><td>要求汇出
时　　间</td><td></td></tr>
<tr><td colspan="4">汇款原因：支付编织袋款</td></tr>
<tr><td>汇　款
通知人</td><td></td><td>部　门
负责人</td><td>叶林</td></tr>
<tr><td colspan="2">通知日期 2011 年 12 月 21 日</td><td colspan="2">财务签收</td></tr>
</table>

附件 61-3

材 料 验 收 单

№ 001206

供货单位：　　　　　　年　　月　　日

<table>
<tr><td rowspan="2">材料编号</td><td rowspan="2">材料名称</td><td rowspan="2">规格</td><td rowspan="2">单位</td><td colspan="2">数量</td><td colspan="2">实际</td><td rowspan="2">备注</td></tr>
<tr><td>应收</td><td>实收</td><td>单价</td><td>总价</td></tr>
<tr><td></td><td></td><td></td><td></td><td></td><td></td><td></td><td></td><td></td></tr>
<tr><td></td><td></td><td></td><td></td><td></td><td></td><td></td><td></td><td></td></tr>
<tr><td></td><td></td><td></td><td></td><td></td><td></td><td></td><td></td><td></td></tr>
<tr><td></td><td></td><td></td><td></td><td></td><td></td><td></td><td></td><td></td></tr>
<tr><td></td><td></td><td></td><td></td><td></td><td></td><td></td><td></td><td></td></tr>
<tr><td></td><td></td><td></td><td></td><td></td><td></td><td></td><td></td><td></td></tr>
<tr><td></td><td></td><td></td><td></td><td></td><td></td><td></td><td></td><td></td></tr>
</table>

三会计

保管验收：　　　　　　采购员：

附件 61-4

中国工商银行
转账支票存根
1 0 2 0 3 6 1 0
01402713

2011.贵昌证券印刷厂印刷

附加信息

出票日期 2011 年 12 月 21 日

收款人：江西长征公司 王茜	
金　额：¥42 120.00	
用　途：编织袋款	

单位主管　　　　会计

附件 62-1

江西省南昌市货物销售统一发票

发票联

贵 发票代码 136011061051
国 发票号码 01717089
字 校 验 码

客户：华发股份有限责任公司　　　　2011 年 12 月 22 日

品名或项目	规格	单位	数量	单价	金额 百	十	万	千	百	十	元	角	分
锁		把	5	30.80					1	5	4	0	0
合计人民币（大写）⊗壹佰伍拾肆元整					¥ 154.00								

第二联发票联

南昌市大众超市管理有限公司 360101769776l992 发票专用章

收款单位专用章：　　　　收款人：　　　　开票人：

附件 62-2

材　料　验　收　单

№ 001207

供货单位：　　　　　　　　　　年　　月　　日

材料编号	材料名称	规格	单位	数量		实际		备注
				应收	实收	单价	总价	

三会计

保管验收：　　　　　　　　　　采购员：

附件 62-3

领　料　单

冶领编号：1208

领料单位　　　　　　　　开单日期　　年　　月　　日

发料单位　　　　　　　　发料日期　　年　　月　　日限　　天内有效

货号编号	材料名称	型号规格	单位	数量		单价	金额
				请领	实发		
领料根据及用途							

四材料会计

发料　　　　　　材料计划　　　　　　领料主管　　　　　　领料

附件 63-1

中国工商银行信汇凭证（回单） 1

委托日期 2011 年 12 月 22 日

汇款人	全称	株洲信力有限公司			收款人	全称	华发股份有限责任公司		
	账号或住址	湖南省株洲市爱建路 28 号 1902230009300021828				账号或住址	江西省贵昌市工业大道 118 号 1502320002230002264		
	汇出地点	湖南省株洲市	汇出行名称	工行株洲市支行		汇入地点	江西省贵昌市	汇入行名称	工行贵昌市支行

金额	人民币（大写）	千	百	十	万	千	百	十	元	角	分
	壹拾万元整		¥	1	0	0	0	0	0	0	0

汇款用途：货款 款项收入收款人账户 中国工商银行贵昌市支行 2011.12.22 办讫 汇入行签章	附加信息： 复核 记账

此联汇出行给汇款人的回单

附件 64-1

产 品 销 售 单

№ 0006080

2011 年 12 月 23 日

单位	湖南煤炭公司		车号		
产品名称	规格	单位	计划数	单价	金额（元）
丙产品		件	1 000	600	702 000
备注					含税价

发货： 制单：

三发货返财务

附件 64-2

3600119140

江西省增值税专用发票

江西 发票联 国家税务总局监制

№ 00376349

开票日期：2011 年 12 月 23 日

购货单位	名称：湖南煤炭公司 纳税人识别号：430201125026006 地址、电话：湖南株州市石峰区田心路 1 号 0731-28441432 开户行及账号：工行株州市支行 190220609300001856			密码区	略		
货物或应税劳务名称	规格型号	单位	数量	单价	金额	税率	税额
甲产品		千克	1 000	600.00	600 000.00	17%	102 000.00
合计					¥600 000.00		¥102 000.00
价税合计（大写）	⊗柒拾万零贰仟元整				（小写） ¥702 000.00		
销货单位	名称：华发股份有限责任公司 纳税人识别号：36062110022004 地址、电话：贵昌市工业大道 118 号 0701-4661065 开户行及账号：工行贵昌市支行 150232000223000226 4			备注	销售明细见销货清单 华发股份有限责任公司 360621100220024 发票专用章		

收款人：张明　　复核：王芳　　开票人：肖霞　　销货单位（章）

第三联：记账联 销货方记账凭证

附件 64-3

中国工商银行进账单（回单或收账通知） 1 第 号

2011 年 12 月 23 日

签发人	全称	湖南煤炭公司	收款人	全称	华发股份有限责任公司
	账号	190220609300001856		账号	1502320002230002264
	开户银行	工行株洲市支行		开户银行	工商银行贵昌市支行

人民币（大写）：⊗柒拾万零贰仟元整	千	百	十	万	千	百	十	元	角	分
		¥	7	0	2	0	0	0	0	0

票据种类	中国工商银行贵昌市支行 2011.12.23 办讫
票据张数	
单位主管 会计 复核 记账	收款人开户行盖章

此联是收款人开户银行交给收款人的回单或收账通知

附件 65-1

领 料 单

冶领编号：1209

领料单位 开单日期 年 月 日

发料单位 发料日期 年 月 日限 天内有效

货号编号	材料名称	型号规格	单位	数量		单价	金额
				请领	实发		
领料根据及用途							

四材料会计

发料 材料计划 领料主管 领料

附件 66-1

江西省贵昌市定额发票
发票联

密码

发票代码：236040909013

发票号码：12156618

付款单位（个人）：

经营项目：

壹佰元　¥100.00

收款单位（盖章有效）　　开票日期　年　月　日

此发票适用：交通运输业、邮电通信业、文化体育业、服务业、娱乐业。

贵昌市新城区味全酒店
36040357092717
发票专用章

附件 66-2

江西省贵昌市定额发票
发票联

密码

发票代码：236040909013

发票号码：12156619

付款单位（个人）：

经营项目：

壹佰元　¥100.00

收款单位（盖章有效）　　开票日期　年　月　日

此发票适用：交通运输业、邮电通信业、文化体育业、服务业、娱乐业。

贵昌市新城区味全酒店
36040357092717
发票专用章

附件 67-1

中国工商银行信汇凭证（回单） 1

委托日期 2011 年 12 月 23 日

汇款人	全称	华发股份有限责任公司			收款人	全称	上饶商贸五交化批发公司								
	账号或住址	江西省贵昌市 1502320002230002264				账号或住址	江西省上饶市 3601250410052502184								
	汇出地点	江西省贵昌市	汇出行名称	工行贵昌市支行		汇入地点	江西省上饶市	汇入行名称	建行上饶市支行胜利路营业部						
金额	人民币（大写）	壹万伍仟元整			千	百	十	万	千	百	十	元	角	分	
							¥	1	5	0	0	0	0	0	
汇款用途：购螺丝					汇出行盖章 中国工商银行贵昌市支行 2011.12.23 办讫 年 月 日										
上列款项已根据委托办理，如需查询，请持此回单来行面洽。															
单位主管 会计 复核 记账															

此联汇出行给汇款人的回单

附件 67-2

领 料 单

冶领编号：1210

领料单位　　　　开单日期　年　月　日

发料单位　　　　发料日期　年　月　日限　天内有效

货号编号	材料名称	型号规格	单位	数量		单价	金额
				请领	实发		
领料根据及用途							

四材料会计

发料　　材料计划　　领料主管　　领料

附件 67-3

汇 付 款 通 知 单

收款单位	上饶商贸五交化批发公司		
汇入银行 及 账 号	建行上饶市支行胜利路营业部 3601250410052502184		
汇付金额	⊗壹万伍仟元整　　¥15 000.00		
汇款方式	信汇	要求汇出 时　间	
汇款原因：购螺丝用于精碲工程			
汇　款 通知人		部　门 负责人	叶林
通知日期 2011 年 12 月 23 日		财务签收	

附件 67-4

江西省上饶市货物销售统一发票

江西 发票联 国家税务总局监制

贵 发票代码 136011061051

国 发票号码 01717278

字 校 验 码

客户：华发股份有限责任公司　　2011 年 12 月 23 日

品名或项目	规格	单位	数量	单价	金额								
					百	十	万	千	百	十	元	角	分
螺丝		千克	5 000	3.00			1	5	0	0	0	0	0
合计人民币（大写）⊗壹万伍仟元整					¥ 15 000.00								

第二联发票联

上饶市商贸五交化批发公司 3601817697761992 发票专用章

收款单位专用章：　　收款人：　　开票人：

附件 68-1

产 品 销 售 单

№ 0006081

2011 年 12 月 26 日

单位	郑州化工二厂			车号	
产品名称	规格	单位	计划数	单价	金额
丙产品	99.97	件	60	900	63 180
备注					含税价

三发货返财务

发货： 制单：

附件 68-2

中国工商银行进账单（回单或收账通知）

1 第 号

2011 年 12 月 26 日

<table>
<tr><td rowspan="3">签发人</td><td>全称</td><td>郑州化工二厂</td><td rowspan="3">收款人</td><td>全称</td><td colspan="10">华发股份有限责任公司</td></tr>
<tr><td>账号</td><td>1702230009200029358</td><td>账号</td><td colspan="10">1502320002230002264</td></tr>
<tr><td>开户银行</td><td>中国工商银行郑州市支行</td><td>开户银行</td><td colspan="10">中国工商银行贵昌市支行</td></tr>
<tr><td colspan="3" rowspan="2">人民币（大写）：⊗陆万叁仟壹佰捌拾元整</td><td>千</td><td>百</td><td>十</td><td>万</td><td>千</td><td>百</td><td>十</td><td>元</td><td>角</td><td>分</td></tr>
<tr><td></td><td></td><td>¥</td><td>6</td><td>3</td><td>1</td><td>8</td><td>0</td><td>0</td><td>0</td></tr>
<tr><td colspan="3">票据种类</td><td colspan="10" rowspan="3">中国工商银行贵昌市支行 2011.12.26 办讫
收款人开户行盖章</td></tr>
<tr><td colspan="3">票据张数</td></tr>
<tr><td colspan="3">单位主管 会计 复核 记账</td></tr>
</table>

此联是收款人开户银行交给收款人的回单或收账通知

附件 68-3

3600119140

江西省增值税专用发票

江西 发票联 国家税务总局监制

№ 00376350

开票日期：2011 年 12 月 26 日

购货单位	名称：郑州化工二厂 纳税人识别号：410101526026069 地址、电话：郑州市化工路 25 号　13137704640 开户行及账号：工行郑州市支行陇海路办事处　1702230009200029358			密码区	略		
货物或应税劳务名称	规格型号	单位	数量	单价	金额	税率	税额
丙产品	99.97	千克	60	900	54 000.00	17%	9 180.00
合计					¥54 000.00		¥9 180.00
价税合计（大写）	⊗陆万叁仟壹佰捌拾元整				（小写）¥63 180.00		
销货单位	名称：华发股份有限责任公司 纳税人识别号：36062110022004 地址、电话：贵昌市工业大道 118 号　0701-4661065 开户行及账号：工行贵昌市支行 1502320002230002264			备注	销售明细见销货清单 华发股份有限责任公司 360621100220024 发票专用章		

第三联：记账联　销货方记账凭证

收款人：张明　　复核：王芳　　开票人：肖霞　　销货单位（章）

附件 69-1

汇 付 款 通 知 单

收款单位	贵昌市运输公司		
汇入银行 及 账 号	工行贵昌市支行 1502220002630003285		
汇付金额	⊗叁仟元整 ¥3 000.00		
汇款方式	转账	要求汇出 时 间	
汇款原因：购包装箱款			
汇 款 通知人		部 门 负责人	叶林
通知日期 2011 年 12 月 29 日		财务签收	

附件 69-2

材 料 验 收 单

№ 001208

供货单位： 年 月 日

材料编号	材料名称	规格	单位	数量		实际		备注
				应收	实收	单价	总价	

三会计

保管验收： 采购员：

附件 69-3

中国工商银行
转账支票存根
1 0 2 0 3 6 1 0
01402714

2011.贵昌证券印刷厂印刷

附加信息

出票日期 2011 年 12 月 29 日

收款人：贵昌市运输公司 刘毅	
金　额：￥3 000. 00	
用　途：包装箱款	

单位主管　　　　会计

附件 70-1

领　料　单

冶领编号：1211

领料单位　　　　开单日期　　年　　月　　日

发料单位　　　　发料日期　　年　　月　　日限　　天内有效

货号编号	材料名称	型号规格	单位	数量		单价	金额
				请领	实发		
领料根据及用途							

四材料会计

发料　　　　材料计划　　　　领料主管　　　　领料

附件 71-1

中国工商银行
转账支票存根
1 0 2 0 3 6 1 0
01402715

2011.贵昌证券印刷厂印刷

附加信息

出票日期 2011 年 12 月 29 日

收款人：贵昌市汽运公司 张毅	
金　额：¥5 316. 54	
用　途：修理费	

单位主管　　　　会计

附件 71-2

江西省贵昌市服务业发票

发票号码　0481539

发　票　联

客户：华发股份有限责任公司　　　　2011 年 12 月 29 日

服务项目	单位	数量	单价	金额								备注
				十	万	千	百	十	元	角	分	
修理费						5	3	1	6	6	4	
人民币（大写）⊗伍仟叁佰壹拾陆元陆角肆分								¥5 316. 64				

（印章：贵昌市汽运公司 财务专用章）

收款单位：　　　　收款：　　　　开票：

附件 72-1

固 定 资 产 折 旧 汇 总 表

单位：元

部门	金额
一车间	18 092.07
二车间	20 145.54
管理部门	35 365.33
维修车间	5 198.21
科研部	13 436.77
合计	92 237.92

复核：　　　　　　　　　　　　制表：

附件 73-1

江西省地方税务局通用机打发票

江西省 发票联

发票代码：236001201701

发票号码：31563865

密　码：

客户名称：华发股份有限责任公司

行业分类：通用发票

开票日期：2011 年 12 月 28 日　　　　　　收款员：manager

机器编号：0000034220024627

税号：360103570927171

收款单位：贵昌市金味食府酒家

项目	单价	数量	金额
餐费	240.00	1	240.00

小写金额：￥240.00

大写金额：贰佰肆拾元整

税控码：1250 5210 0535 0557 0715

附件 74-1

中国工商银行
转账支票存根
1 0 2 0 3 6 1 0
01402716

2011.贵昌证券印刷厂印刷

附加信息

出票日期 2011 年 12 月 29 日

收款人：贵昌市供电公司 谢毅	
金　额：￥11 700.00	
用　途：电费	

单位主管　　　　会计

附件 74-2

汇付款通知单

收款单位	贵昌市供电公司		
汇入银行及账号	建行贵昌市火炬支行 36001051260052500959		
汇付金额	⊗壹万壹仟柒佰元整　￥11 700.00		
汇款方式	转账	要求汇出时间	2011.12
汇款原因：电费			
汇款通知人		部门负责人	叶林
通知日期 2011 年 12 月 29 日		财务签收	

附件 74-3

3600112140

江西省增值税专用发票

发票联

江 西

国家税务总局监制

№ 00976345

开票日期：2011 年 12 月 29 日

购货单位	名称：华发股份有限责任公司 纳税人识别号：36062110022004 地址、电话：贵昌市工业大道 118 号　0701-4661065 开户行及账号：工行贵昌市支行 1502320002230002264	密码区	略

货物或应税劳务名称	规格型号	单位	数量	单价	金额	税率	税额
电费		Kwh	11 111. 11	0. 9000000009	10 000. 00	17%	1 700. 00
合计					¥10 000. 00		¥1 700. 00
价税合计（大写）	⊗壹万壹仟柒佰元整				（小写）¥11 700. 00		

销货单位	名称：贵昌市供电公司 纳税人识别号：3601061158363485 地址、电话：贵昌市高新大道 1129 号 开户行及账号：建行贵昌市支行 36001250052500959	备注	销售明细见销货清单 贵昌市供电公司 3601061158363485 发票专用章

收款人：　　复核：　　开票人：黄毅平　　销货单位（章）

第三联：发票联　购货方记账凭证

附件 75-1

中国工商银行
转账支票存根
1 0 2 0 3 6 1 0
01402717

2011.贵昌证券印刷厂印刷

附加信息

出票日期 2011 年 12 月 29 日

收款人：贵昌市防腐安装公司 谢强	
金　额：¥150 000.00	
用　途：工程进度款	

单位主管　　　　会计

附件 75-2

汇 付 款 通 知 单

收款单位	贵昌市防腐安装公司		
汇入银行及账号	建行贵昌市支行 360105126000525006 76		
汇付金额	⊗壹拾伍万元整　　¥150 000.00		
汇款方式	转账	要求汇出时间	2011.12
汇款原因：工程进度款			
汇款通知人		部门负责人	叶林
通知日期 2011 年 12 月 29 日		财务签收	

附件 76-1

中国工商银行
现金支票存根
1 0 2 0 1 5 2 0
02013253

2011.贵昌证券印刷厂印刷

附加信息

出票日期 2011 年 12 月 29 日

收款人：刘娟
金　额：¥800.00
用　途：备用金

单位主管　　　　会计

附件 77-1

差 旅 费 报 销 单

部门：办公室　　姓名：黄强　　2011 年 12 月 30 日填　　借支金额：　　出差事由：

项目	附单据张数	金额		伙食补助费明细							
		报销数	核销数	起讫日期	起讫地点	交通工具	人数	天数	补助费		夜车补助
									标准	金额	
车船费		100.00	100.00								
宿费		192.80	192.80								
市内交通费											
停车费	33	652.00	652.00								
邮电费											
伙食补助费		240.00	240.00								
合计		¥1 184.80	¥1 184.80								

审校：　　　　部门主管：　　　　经领人：

附件 78-1

汇 付 款 通 知 单

收款单位	江南冶炼总公司		
汇入银行及账号	工行贵昌市支行 1502320002210003262		
汇付金额	⊗肆万捌仟元整 ¥48 000.00		
汇款方式	转账	要求汇出时间	
汇款原因：租赁费			
汇款通知人		部门负责人	叶林
通知日期 2011 年 12 月 30 日		财务签收	

附件 78-2

中国工商银行
转账支票存根
1 0 2 0 3 6 1 0
01402718

附加信息

出票日期 2011 年 12 月 30 日

收款人：江南冶炼总公司
金　额：¥48 000.00
用　途：租赁费

单位主管　　　　会计

2011.贵昌证券印刷厂印刷

附件 79-1

江西省南昌市货物销售统一发票

发票联

（印章：江西 国家税务总局监制）

贵 发票代码 136011061051

国 发票号码 01717368

字 校 验 码

客户：华发股份有限责任公司

2011 年 12 月 30 日

品名或项目	规格	单位	数量	单价	金额								
					百	十	万	千	百	十	元	角	分
账本		本	5	16						8	0	0	0
装订机		个	4	15						6	0	0	0
打印纸		箱	4	45					1	8	0	0	0
合计人民币（大写）⊗叁佰贰拾元整					¥ 320.00								

第二联发票联

（印章：南昌市百货超市有限责任公司 3601017697761992 发票专用章）

收款单位专用章：　　　收款人：　　　开票人：

附件 80-1

材　料　验　收　单

№ 001209

供货单位：

2011 年 12 月 30 日

材料编号	材料名称	规格	单位	数量		实际		备注
				应收	实收	单价	总价	
	备件			800	800	11	8 800	计划价格

三会计

保管验收：　　　采购员：

附件 80-2

3600119140

浙江省增值税专用发票

发票联

№ 06125198

开票日期：2011 年 12 月 30 日

购货单位	名称：华发股份有限责任公司 纳税人识别号：36062110022004 地址、电话：贵昌市工业大道 118 号　0701-4661065 开户行及账号：工行贵昌市支行 1502320002230002264			密码区	略		
货物或应税劳务名称	规格型号	单位	数量	单价	金额	税率	税额
备件	6#	件	800	10	8 191. 11	17%	1 392. 49
合计					¥8 191. 11		¥1 392. 49
价税合计（大写）	⊗玖仟伍佰捌拾叁元陆角整				（小写）¥9 583. 60		
销货单位	名称：杭州过滤机有限公司 纳税人识别号：3300302350126 地址、电话：杭州富阳市工业园区　0571-63256898 开户行及账号：中行富阳市支行新丰分理处 807025294708091001			备注	销售明细见销货清单 杭州过滤机有限公司 3300302350126 发票专用章		

收款人：张明　　复核：王芳　　开票人：李莉　　销货单位（章）

第三联：发票联　购货方记账凭证

附件 81-1

中国工商银行
现金支票存根
1 0 2 0 1 5 2 0
02013254

2011.贵昌证券印刷厂印刷

附加信息

出票日期 2011 年 12 月 30 日

收款人：章玮	
金　额：¥649.00	
用　途：差旅费	

单位主管　　　　会计

附件 81-2

差 旅 费 报 销 单

部门：供销部　　姓名：章玮　　2011 年 12 月 30 日填　　借支金额：　　出差事由：

项目	附单据张数	金额		伙食补助费明细							
		报销数	核销数	起讫日期	起讫地点	交通工具	人数	天数	补助费		夜车补助
									标准	金额	
车船费	30	180.00	180.00								
宿费		389.00	389.00								
市内交通费											
行李费											
邮电费											
伙食补助费		80.00	80.00								
合计		¥649.00	¥649.00								

审校：　　　　部门主管：　　　　经领人：

附件 82-1

税费计算表

2011 年 12 月 30 日　　　　单位：元

项目	计算依据	比例	金额
营业税		5%	
合计			

会计主管：　　　　复核：　　　　制表：

附件 83-1

税费计算表

2011 年 12 月 30 日　　　　单位：元

项目	计算依据	比例	金额
城建税		7%	
教育费附加		3%	
地方教育费附加		2%	
合计			

会计主管：　　　　复核：　　　　制表：

附件 84-1

税费计算表

2011 年 12 月 30 日　　　　单位：元

项目	计算依据	比例	金额
价格调节基金		0.1%	
合计			

会计主管：　　　　复核：　　　　制表：

附件 85-1

税费计算表

2011 年 12 月 30 日　　　　单位：元

项目	计算依据	比例	金额
水利建设专项资金		0.12%	
合计			

会计主管：　　　　复核：　　　　制表：

附件 86-1

中国工商银行
转账支票存根
1 0 2 0 3 6 1 0
01402719

2011.贵昌证券印刷厂印刷

附加信息

出票日期 2011 年 12 月 30 日

收款人：	贵昌市第二建筑公司 刘强
金　额：	¥150 000.00
用　途：	工程进度款

单位主管　　　　会计

附件 86-2

汇 付 款 通 知 单

收款单位	贵昌市第二建筑公司		
汇入银行及账号	工行贵昌市支行 15012200930021001263		
汇付金额	⊗壹拾伍万元整　　¥150 000.00		
汇款方式	转账	要求汇出时间	
汇款原因：工程进度款			
汇款通知人		部门负责人	叶林
通知日期 2011 年 12 月 30 日		财务签收	

附件 87-1

工资及其他薪酬费用分配表

2011 年 12 月　　　　单位：元

会计科目	产品	应发工资额	公积金（10%）	社会保险费（29.6%）	企业扣缴小计
生产成本	甲产品				
	乙产品				
	丙产品				
制造费用	一车间				
	二车间				
生产成本	维修车间				
管理费用					
销售费用					
在建工程					
研发支出					
合计					

会计主管：　　　　复核：　　　　制表：

附件 89-1

工会经费计提分配表

2011 年 12 月　　　　单位：元

会计科目	产品	应发工资额	计提比例	工会经费
生产成本	甲产品			
	乙产品			
	丙产品			
制造费用	一车间			
	二车间			
生产成本	维修车间			
管理费用				
销售费用				
在建工程				
研发支出				
合计			2%	

会计主管：　　　　复核：　　　　制表：

附件 90-1

中国工商银行
转账支票存根
1 0 2 0 3 6 1 0
01402720

2011.贵昌证券印刷厂印刷

附加信息

出票日期 2011 年 12 月 30 日

收款人：	住房管理局
金　额：	¥64 660.00
用　途：	住房公积金

单位主管　　　　会计

附件 90-2

汇付款通知单

收款单位	贵昌市住房公积金管理中心		
汇入银行及账号	建行贵昌市支行 36030018110223872		
汇付金额	⊗陆万肆仟陆佰陆拾元整　¥64 660.00		
汇款方式	转支	要求汇出时间	2011.12
汇款原因：支付职工住房公积金			
汇款通知人		部门负责人	叶林
通知日期 2011 年 12 月 30 日		财务签收	

附件 90-3

贵昌市住房公积金专用收据

（2011）№ 03278927

2011 年 12 月 30 日

<table>
<tr><td rowspan="3">收款人</td><td rowspan="2">单位名称及账号</td><td rowspan="2">贵昌市住房公积金管理中心 36030015110213869</td><td rowspan="3">缴款人</td><td>单位名称</td><td>华发股份有限责任公司</td></tr>
<tr><td>账号</td><td>15023200022300022264</td></tr>
<tr><td>开户银行</td><td>建行贵昌市支行</td><td>开户银行</td><td>工行贵昌市支行</td></tr>
<tr><td colspan="5">金额：人民币（大写）陆万肆仟陆佰陆拾元整</td><td>¥64 660.00</td></tr>
<tr><td colspan="2" rowspan="2">款项内容</td><td colspan="2">缴费起止时间</td><td colspan="2" rowspan="2">自　年　月至　年　月止</td></tr>
<tr><td>本金</td><td>滞纳</td></tr>
<tr><td colspan="2"></td><td></td><td></td><td colspan="2" rowspan="3">备注　贵昌市住房公积金管理中心 业务专用章</td></tr>
<tr><td colspan="2"></td><td></td><td></td></tr>
<tr><td colspan="2"></td><td></td><td></td></tr>
</table>

附件 91-1

中国工商银行
转账支票存根
1 0 2 0 3 6 1 0
01402721

2011.贵昌证券印刷厂印刷

附加信息

出票日期 2011 年 12 月 30 日

收款人：贵昌市社会保险事业管理处	
金　额：¥131 259.80	
用　途：社保费	

单位主管　　会计

附件 91-2

汇 付 款 通 知 单

收款单位	贵昌市社会保险事业管理处		
汇入银行及账号	贵昌银行东湖支行 88030018110223872		
汇付金额	⊗壹拾叁万壹仟贰佰伍拾玖元捌角整　¥131 259.80		
汇款方式	转支	要求汇出时间	2011.12
汇款原因：缴纳社保费			
汇款通知人		部门负责人	叶林
通知日期 2011 年 12 月 30 日		财务签收	

附件 91-3

江西省社会保险费缴款专用收据

（2011）№ 01255929

2011 年 12 月 30 日

收款人	单位名称及账号	贵昌市社会保险事业管理处 88030018110223872	缴款人	单位名称	华发股份有限责任公司
				账号	1502320002230002264
	开户银行	贵昌银行东湖支行		开户银行	工行贵昌市支行
金额：人民币（大写）⊗壹拾叁万壹仟贰佰伍拾玖元捌角整					¥131 259.80

款项内容	缴费起止时间		自　年　月至　年　月止
	本金	滞纳	
			备注

附件 92-1

记　账　凭　证

编号
附件　张

企业单位：　　　　2011 年 12 月 31 日

摘要	借方（增加）			贷方（减少）			金额						
	科目	子科目	分页	科目	子科目	分页	万	千	百	十	元	角	分
转劳保用品	其他应收款			其他业务收入				2	9	5	2	0	0
				应交税费					5	0	1	8	4
合计							¥	3	4	5	3	8	4

会计主管　　　　记账　　　　复核　　　　制单

附件 92-2

领 料 单

冶领编号：9232

领料单位：一车间　　开单日期　　年　　月　　日

发料单位：　　发料日期　　年　　月　　日限　　天内有效

货号编号	材料名称	型号规格	单位	数量		单价	金额
				请领	实发		
	劳保品			60.00	60.00	29.52	¥1 771.20
领料根据及用途							

四材料会计

发料　　材料计划　　领料主管　　领料

附件 92-3

领 料 单

冶领编号：9233

领料单位：二车间　　开单日期　　年　　月　　日

发料单位：　　发料日期　　年　　月　　日限　　天内有效

货号编号	材料名称	型号规格	单位	数量		单价	金额
				请领	实发		
	劳保品			40.00	40.00	29.52	¥1 180.80
领料根据及用途							

四材料会计

发料　　材料计划　　领料主管　　领料

附件 92-4

3600118140

江西省增值税专用发票

发票联

№ 04725299

开票日期：2011 年 12 月 31 日

购货单位	名称：华发股份有限责任公司 纳税人识别号：36062110022004 地址、电话：贵昌市工业大道 118 号　0701-4661065 开户行及账号：工行贵昌市支行 1502320002230002264	密码区	略

货物或应税劳务名称	规格型号	单位	数量	单价	金额	税率	税额
劳保品		件	100	29.52	2 952.00	17%	501.84
合计					¥2 952.00		¥501.84
价税合计（大写）	⊗叁仟肆佰伍拾叁元捌角肆分				（小写）¥3 453.84		

销货单位	名称：江南冶炼总公司 纳税人识别号：36062110021006 地址、电话：贵昌市工业大道 118 号 开户行及账号：工行贵昌市支行 1502320002210003262	备注	销售明细见销货清单 （江南冶炼总公司 36062110021006 发票专用章）

收款人：张明　　复核：王芳　　开票人：李强　　销货单位（章）

第三联：发票联　购货方记账凭证

附件 93-1

电费分配表

2011 年 12 月

部门	项目	耗电量（度）	分配率	分配额（元）
一车间	甲产品	2 170.00		1 844.50
	乙半成品	1 950.00		1 657.50
	照明	1 000.00		850.00
二车间	丙产品	2 590.00		2 201.50
	照明	1 000.00		850.00
维修车间		1 600.00		1 360.00
行政部门		1 454.70		1 236.50
合计		11 764.00	0.85	10 000.00

会计主管：　　　　复核：　　　　制表：

附件 94-1

十二月份水汽分配表

2011 年 12 月　　　　单位：元

产品/部门	生产工时	水分配率	水分配值	汽分配率	汽分配值
甲产品	1 600	0.68	1 088	4.20	6 720
乙产品	1 400	0.68	952	4.20	5 880
丙产品	2 000	0.68	1 360	4.20	8 400
合计	5 000		3 400		21 000

会计主管：　　　　复核：　　　　制表：

附件 95-1

中国工商银行进账单（回单或收账通知） 1 第 号

2011 年 12 月 31 日

签发人	全称	华北制冷器公司	收款人	全称	华发股份有限责任公司
	账号或住址	河北省廊坊市香河县金辛庄乡		账号或住址	150232000223000264
	开户银行	工行廊坊市支行		开户银行	工行贵昌市支行

人民币（大写）:	千	百	十	万	千	百	十	元	角	分
⊗陆万陆仟壹佰壹拾柒元贰角整			¥	6	6	1	1	7	2	0

票据种类	中国工商银行贵昌市支行 2011.12.31 办讫
票据张数	
单位主管 会计 复核 记账	收款人开户行盖章

此联是收款人开户银行交给收款人的回单或收账通知

附件 96-1

3600119140

江西省增值税专用发票

发票联

№ 04725319

开票日期：2011 年 12 月 31 日

购货单位	名称：华发股份有限责任公司 纳税人识别号：36062110022004 地址、电话：贵昌市工业大道 118 号　0701-4661065 开户行及账号：工行贵昌市支行 1502320002230002264	密码区	略

货物或应税劳务名称	规格型号	单位	数量	单价	金额	税率	税额
材料		千克	11 000	6. 778 756	74 566. 32	17%	12 676. 27
合计					¥74 566. 32		¥12 676. 27
价税合计（大写）	⊗捌万柒仟贰佰肆拾贰元伍角玖分				（小写）¥87 242. 59		

销货单位	名称：江南冶炼总公司 纳税人识别号：36062110021006 地址、电话：贵昌市工业大道 118 号 开户行及账号：工行贵昌市支行 1502320002210003262	备注	销售明细见销货清单 江南冶炼总公司 36062110021006 发票专用章

收款人：张明　　复核：王芳　　开票人：李强　　销货单位（章）

第三联：发票联　购货方记账凭证

附件 97-1

材 料 验 收 单

№ 001210

供货单位：

2011 年 12 月 31 日

材料编号	材料名称	规格	单位	数量		实际		备注
				应收	实收	单价	总价	
	一般材料		千克	11 000	11 000	6.778 756	74 566.32	计划单价 6 元

三会计

保管验收： 采购员：

附件 98-1

备件采购成本汇总表

2011 年 12 月

单位：元

采购单位	实际成本	计划成本	成本差异
南昌合金厂			
江苏张泽化工厂			
江苏靖江化工氟泵厂			
杭州过滤机有限公司			
合计			

会计主管： 复核： 制表：

附件 99-1

材料与备件差异分配表

2011 年 12 月　　　　单位：元

部 门（科目）	材 料	差异率	材料成本差异	备 件	差异率	备件成本差异
一、生产成本						
甲产品						
乙产品						
丙产品						
维修车间						
二、研发支出						
合计						

会计主管：　　　　复核：　　　　制表：

附件 101-1

增值税纳税申报表

税款属时间：自 2011 年 12 月 01 日至 2011 年 12 月 31 日　　金额单位：元至角分

纳税人识别号	3	6	0	4	6	2	1	1	0	0	2	2	0	0	2	所属行业：

纳税人名称	华发股份有限责任公司	法定代表人姓名	吴华	注册地址	工业大道 118 号	营业地址	工业大道 118 号
开户银行及账号	工行贵昌市支行 23200223002264	企业登记注册类型	股份制			电话号码：4661065	

	项　目	栏次	一般货物及劳务		即征即退货物及劳务	
			本月数	本年累计	本月数	本年累计
销售额	（一）按适用税率征税货物及劳务销售额	1	1 365 000.00			
	其中：应税货物销售额	2	1 365 000.00			
	应税劳务销售额	3	0.00			
	纳税检查调整的销售额	4	0.00			
	（二）按简易办法征税货物销售额	5	0.00			
	其中：纳税检查调整的销售额	6	0.00			
	（三）免、抵、退办法出口货物销售额	7	0.00			
	（四）免税货物及劳务销售额	8	0.00			
	其中：免税货物销售额	9	0.00			
	免税货劳务销售额	10	0.00			
税款计算	销项税额	11	232 050.00			
	进项税额	12	28 454.21			
	上期留抵税额	13	0.00			
	进项税额转出	14	0.00			
	免抵退货物应退税额	15	0.00			
	按适用税率计算的纳税检查应补缴税额	16	0.00			
	应抵扣税额合计	17 = 12 + 13 − 14 − 15 + 16	28 454.21			
	实际抵扣税额	18（如 17 < 11，则为 17，否则为 11）	28 454.21			
	应纳税额	19 = 11 − 18	203 595.79			
	期末留抵税额	20 = 17 − 18	0.00			
	简易征收办法计算的应纳税额	21	0.00			
	按简易征收办法计算的纳税检查应补缴税额	22	0.00			
	应税税额减征额	23	0.00			
	应纳税额合计	24 = 19 + 21 − 23	203 595.79			
税款缴纳	期初未缴税额（多缴为负）	25	209 303.79			
	实收出口开具专用缴款书退税额	26	0.00			
	本期已缴税额	27 = 28 + 29 + 30 + 31	0.00			
	①分次预缴税额	28	0.00			
	② 出口开具专用缴款书预缴税额	29	0.00			
	③本期缴纳上期应纳税额	30	209 303.79			

（续表）

<table>
<tr><th colspan="2" rowspan="2">项　　目</th><th rowspan="2">栏次</th><th colspan="2">一般货物及劳务</th><th colspan="2">即征即退货物及劳务</th></tr>
<tr><th>本月数</th><th>本年累计</th><th>本月数</th><th>本年累计</th></tr>
<tr><td rowspan="9">税款缴纳</td><td>④本期缴纳上期欠缴税额</td><td>31</td><td>0.00</td><td></td><td></td><td></td></tr>
<tr><td>期末未缴税额（多缴为负）</td><td>32 = 24 + 25 + 26 − 27</td><td>203 595.79</td><td></td><td></td><td></td></tr>
<tr><td>其中：欠缴税额（≥0）</td><td>33 = 25 + 26 − 27</td><td>0.00</td><td></td><td></td><td></td></tr>
<tr><td>本期应（退）税额</td><td>34 = 24-28-29</td><td>203 595.79</td><td></td><td></td><td></td></tr>
<tr><td>即征即退实际退税额</td><td>35</td><td>0.00</td><td></td><td></td><td></td></tr>
<tr><td>期初未缴查补税额</td><td>36</td><td>0.00</td><td></td><td></td><td></td></tr>
<tr><td>本期入库查补税额</td><td>37</td><td>0.00</td><td></td><td></td><td></td></tr>
<tr><td>期末未缴查补税额</td><td>38 = 16 + 22 + 36 − 37</td><td>0.00</td><td></td><td></td><td></td></tr>
<tr><td colspan="6"></td></tr>
<tr><td>授权声明</td><td colspan="2">如果你已委托代理人申报，请填写下列资料：
为代理一切税务事宜，现授权
（地址）　　　　　　　为本纳税人的代理申报人，任何与本申报表有关的往来文件，都可寄给此人。

授权人签字：</td><td>申报人声明</td><td colspan="3">此纳税申报表是根据《中华人民共和国增值税暂行条例》的规定填报的，我相信它是真实的、可靠的、完整的。

声明人签字：</td></tr>
</table>

（以下由税务机关填写）

收到日期：　　　　　　　　接收人：　　　　　　　　主管税务机关盖章：

附件 101-2

税费计算表

2011 年 12 月 31 日　　　　单位：元

项目	计算依据	比例	金额
城建税	203 595.79	7%	
教育费附加	203 595.79	3%	
地方教育费附加	203 595.79	2%	
合计			

会计主管：　　　　　　复核：　　　　　　制表：

附件 102-1

报刊订阅费分摊计算表

2011 年 12 月　　　　单位：元

费用项目	本月摊销额	未摊销额
报刊订阅费	400.00	4 800.00
合计	400.00	4 800.00

会计主管：叶林　　　　制表：吴宏辉

附件 103-1

辅助生产费用分配表

2011 年 12 月　　　　单位：元

受益部门	维修工时	分配率	分配额
一车间	990		
二车间	1 262		
厂部	252		
科技部	192		
合计	2 696		

会计主管：　　　　制表：

附件 104-1

制造费用分配表

2011 年 12 月　　单位：元

受益产品		生产工人工资	分配率	分配额
一车间	甲产品			
	乙产品			
	合计			
二车间（丙产品）				
合计				

会计主管：　　制表：

附件 105-1

产品成本计算单

产品名称：甲产品　　2011 年 12 月 31 日　　产品产量：2 000 千克　　单位：元

项目	材料费	工资薪酬	其他薪酬	电费	水汽费	制造费用	合计
月初在产品成本							
本月发生费用							
费用合计							
分配率							
完工产品成本							
在产品成本							

会计主管：　　复核：　　制单：

附件 105-2

产品成本计算单

产品名称：乙半成品　　2011 年 12 月 31 日　　产品产量：2 500 千克　　单位：元

项目	材料费	工资薪酬	其他薪酬	电费	水汽费	制造费用	合计
月初在产品成本							
本月发生费用							
费用合计							
分配率							
完工产品成本							
在产品成本							

会计主管：　　复核：　　制单：

附件 105-3

产品成本计算单

产品名称：丙产品　　2011 年 12 月 31 日　　产品产量：480 件　　单位：元

项目	材料费	工资薪酬	其他薪酬	电费	水汽费	制造费用	合计
月初在产品成本							
本月发生费用							
费用合计							
分配率							
完工产品成本							
在产品成本							

会计主管：　　复核：　　制单：

附件 105-4

产　品　验　收　单

2011 年 12 月 31 日　　　　单位：元

产品名称	规格	单位	数量		实际成本		备注
			应收	实收	单价	总价	
合计							

保管验收：　　　　　　制单：

附件 106-1

产品销售汇总单

2011 年 12 月 31 日

名称及规格	计量单位	数量	单位成本	总成本（元）
甲产品				
合计				

复核：　　　　　　制单：

附件 106-2

产品销售汇总单

2011 年 12 月 31 日

名称及规格	计量单位	数量	单位成本	总成本（元）
丙产品				
合计				

复核：　　　　　　　　　　　　　　　　　制单：

附件 107-1

利息计算表

2011 年 12 月 31 日　　　　　　　　　　单位：元

长期负债项目	负债额	用途	利率	利息额
长期借款	2 000 000	硫酸铜工程	6%	120 000
	1 000 000	精碲工程	6%	60 000
合计	3 000 000		6%	180 000

复核：　　　　　　　　　　　　　　　　　制单：

附件 108-1

坏账准备计算表

2011 年 12 月 31 日

应收款项	余额（元）	计提比例	计提坏账准备
应收账款	1 006 497. 55		5 032. 49
合计	1 006 497. 55	5‰	5 032. 49

财务科长：叶林　　　　　　制表：

附件 109-1

存货跌价准备计算表

2011 年 12 月 31 日　　　　单位：元

存货类会计科目	期末余额	可变现净值	存货跌价准备额
库存商品		略	
原材料		略	
包装物		略	
生产成本		略	
自制半成品		略	
材料成本差异		略	
合计		1 488 723. 91	

会计主管：　　　　复核：　　　　制表：

附件 110-1

研发支出汇总计算表

2011 年 12 月 31 日　　　　单位：元

项目	金额	备注
费用化	49 674.83	
资本化		
合计	¥49 674.83	

会计主管：叶林　　　　制表：

附件 112-1

损益类账户结转前余额表

2011 年 12 月 31 日　　　　单位：元

账户	本月数	
	借方	贷方
主营业务收入		
主营业务成本		
营业税金及附加		
其他业务收入		
其他业务成本		
营业外收入		
营业外支出		
投资收益		
管理费用		
销售费用		
财务费用		
资产减值损失		
合计		

会计主管：　　　　制表：

附件 114-1

所得税费用计算表

2011 年 12 月 31 日

项目	金额（元）
税前会计利润	
加：调增项目	
减：调减项目	
应纳税所得额	
所得税税率	
本期应缴所得税	
本期所得税费用	

会计主管：　　　　　　　　　　制表：

附件 115-1

利润分配计算表

2011 年 12 月 31 日

利润分配项目	计提依据	分配比例	金额（元）
提取盈余公积金		10%	
分配投资者利润			
合计			

会计主管：　　　　　　　　　　制表：

附件 117-1

资产负债表

编制单位：　　　　2011 年 11 月 30 日　　　　单位：元

资产				负债及所有者权益			
项目	行次	年初余额	期末余额	项目	行次	年初余额	期末余额
流动资产				**流动负债**			
货币资金				短期借款			
交易性金融资产				应付票据			
应收票据				应付账款			
应收账款				预收款项			
预付款项				应付职工薪酬			
应收利息				应交税费			
应收股利				应付利息			
其他应收款				应付股利			
存货				其他应付款			
一年内到期的非流动资产				一年内到期的非流动负债			
其他流动资产				其他流动负债			
流动资产合计				流动负债合计			
非流动资产				**非流动负债**			
持有至到期投资		略		长期借款		略	
长期股权投资				应付债券			
固定资产				长期应付款			
在建工程				预计负债			
工程物资				递延所得税负债			
固定资产清理				其他非流动负债			
无形资产				非流动负债合计			
开发支出				负债合计			
长期待摊费用				**所有者权益**			
递延所得税资产				实收资本			
其他非流动资产				资本公积			
				未分配利润			
				盈余公积			
非流动资产合计				所有者权益合计			
资产总计				负债及所有者权益总计			

附件 118-1

资产负债表

编制单位：　　　　　　　2011 年 12 月 31 日　　　　　　　单位：元

资产				负债及所有者权益			
项目	行次	年初余额	期末余额	项目	行次	年初余额	期末余额
流动资产				流动负债			
货币资金				短期借款			
交易性金融资产				应付票据			
应收票据				应付账款			
应收账款				预收款项			
预付款项				应付职工薪酬			
应收利息				应交税费			
应收股利				应付利息			
其他应收款				应付股利			
存货				其他应付款			
一年内到期的非流动资产				一年内到期的非流动负债			
其他流动资产				其他流动负债			
流动资产合计				流动负债合计			
非流动资产				非流动负债			
持有至到期投资				长期借款			
长期股权投资				应付债券			
固定资产				长期应付款			
在建工程				预计负债			
工程物资				递延所得税负债			
固定资产清理				其他非流动负债			
无形资产				非流动负债合计			
开发支出				负债合计			
长期待摊费用				所有者权益			
递延所得税资产				实收资本			
其他非流动资产				资本公积			
				盈余公积			
				未分配利润			
非流动资产合计				所有者权益合计			
资产总计				负债及所有者权益总计			

附件 118-2

利润表

编制单位：　　　　2011 年 12 月　　　　单位：元

项目	本期金额（上年金额）	本年累计金额
一、营业收入	略	
减：营业成本		
营业税金及附加		
销售费用		
管理费用		
财务费用		
资产减值损失		
加：公允价值变动收益（损失以“-”填列）		
投资收益（损失以“-”填列）		
二、营业利润（损失以“-”填列）		
加：营业外收入		
减：营业外支出		
其中：非流动资产处置损失		
三、利润总额（亏损总额以“-”填列）		
减：所得税费用		
四、净利润（净亏损以“-”填列）		

附件 119-1

现金流量表

编制单位： 2011 年 12 月 单位：元 币种：人民币

项目	本期金额	上期金额
一、经营活动产生的现金流量		略
销售商品、提供劳务收到的现金		略
收取的税费返还		略
收到的其他与经营活动有关的现金		略
现金流入小计		略
购买商品、接受劳务支付的现金		略
支付给职工以及为职工支付的现金		略
支付的各项税费		略
支付的其他与经营活动有关的现金		略
现金流出小计		略
经营活动产生的现金流量净额		略
二、投资活动产生的现金流量		略
收回投资所收到的现金		略
分得投资收益所收到的现金		略
处置固定资产、无形资产和其他长期资产而收回的现金净额		略
收到的其他与投资活动有关的现金		略
现金流入小计		略
购建固定资产、无形资产和其他长期资产所支付的现金		略
投资所支付的现金		略
现金流出小计		略
投资活动产生的现金流量净额		略
三、筹资活动产生的现金流量		略
吸收权益性投资所收到的现金		略
取得借款所收到的现金		略
发行债券所收到的现金		略
收到的其他与筹资活动有关的现金		略
现金流入小计		
偿还债务所支付的现金		
分配股利、利润或偿还利息所支付的现金		
支付的其他与筹资活动有关的现金		
现金流出小计		
筹资活动产生的现金流量净额		
四、汇率变动对现金及现金等价物的影响		略
五、现金及现金等价物净增加额		略
加：期初现金及现金等价物余额		略
六、期末现金及现金等价物余额		略
补充资料（略）		

附录：企业会计模拟实训参考答案

一、会计分录

业务序号	总分类科目	明细分类科目或费用项目	借方金额	贷方金额	备注
1	应付账款 原材料	暂估应付款 备件（暂估应付款）	11 000.00	 11 000.00	
2	管理费用 银行存款	办公费	1 680.00	 1 680.00	
3	管理费用 应交税费 银行存款	 应交增值税（进项税额）	5 128.21 871.79	 6 000.00	
4	制造费用 应交税费 银行存款	一车间 应交增值税（进项税额）	1 860.00 140.00	 2 000.00	
5	应交税费 银行存款	应交车船税	1 800.00	 1 800.00	
6	管理费用 预付账款 银行存款	通信费 电信宽带费	360.00 3 960.00	 4 320.00	
7	管理费用 库存现金	通信费	270.00	 270.00	
8	库存现金 银行存款		2 700.00	 2 700.00	
9	材料采购 应交税费 银行存款 原材料 材料采购	备件 应交增值税（进项税额） 备件 备件	10 000.00 1 700.00 11 000.00	 11 700.00 11 000.00	
10	管理费用 应交税费	 应交车船税	1 800.00	 1 800.00	
11	交易性金融资产 投资收益 其他货币资金	成本（博瑞传播） 存出投资款	107 200.00 222.40	 107 422.40	

（续表）

业务序号	总分类科目	明细分类科目或费用项目	借方金额	贷方金额	备注
12	生产成本	甲产品	25 200.00		
		乙产品	15 600.00		
	原材料	一般材料		40 800.00	
13	生产成本	丙产品	54 700.00		
	自制半成品	乙产品		52 500.00	
	原材料	备件		2 200.00	
14	生产成本	维修车间	1 100.00		
	原材料	备件		1 100.00	
15	销售费用		451.00		
	银行存款			451.00	
16	管理费用		1 280.00		
	库存现金			1 280.00	
17	管理费用	通信费	580.00		
	库存现金			580.00	
18	其他应收款	黄强	2 000.00		
	银行存款			2 000.00	
19	在建工程	硫酸铜工程	10 000.00		
	在建工程	广丰县第一建筑公司		10 000.00	
20	应收账款	江西南城奋进公司	358 020.00		
	主营业务收入			306 000.00	
	应交税费	应交增值税（销项税额）		52 020.00	
21	银行存款		210 600.00		
	主营业务收入			180 000.00	
	应交税费	应交增值税（销项税额）		30 600.00	
22	在建工程	硫酸铜工程	10 000.00		
	银行存款			10 000.00	
23	银行存款		3 000.00		
	其他应收款	南昌房屋修备公司		3 000.00	
24	管理费用		820.00		
	库存现金			820.00	
25	短期借款		300 000.00		
	银行存款			300 000.00	
26	应付账款	江西樟树模型厂	10 000.00		
	银行存款			10 000.00	
27	其他应付款	财务科	300 000.00		
	银行存款			300 000.00	

（续表）

业务序号	总分类科目	明细分类科目或费用项目	借方金额	贷方金额	备注
28	银行存款 应收账款	 河北无线电厂	100 000.00	 100 000.00	
29	在建工程 银行存款	江西有色冶金安装队	100 000.00	 100 000.00	
30	管理费用 银行存款		498.00	 498.00	
31	财务费用 银行存款		60.00	 60.00	
32	其他应付款 银行存款	孔德	6 552.40	 6 552.40	
33	其他货币资金 交易性金融资产 投资收益	存出投资款 成本（博瑞传播）	110 969.60	 107 200.00 3 769.60	
34	应付职工薪酬 银行存款 其他应付款 应交税费	工资 住房公积金 社保费 房租费 水电费 工会经费 应交个人所得税	323 300.00	 251 697.50 32 330.00 35 563.00 1 200.00 600.00 1 616.50 293.00	
35	研发支出 原材料	费用化 一般材料	360.00	 360.00	
36	库存现金 银行存款		1 500.00	 1 500.00	
37	制造费用 应交税费 银行存款	二车间 应交增值税（进项税额）	2 004.15 150.85	 2 155.00	2 155 × 7% = 150.85
38	库存现金 其他业务收入		300.00	 300.00	
39	应付职工薪酬 银行存款	工会经费	43 333.57	 43 333.57	
40	营业外支出 银行存款		20 000.00	 20 000.00	
41	在建工程 银行存款	杭州玻璃钢化工设备厂	50 000.00	 50 000.00	

（续表）

业务序号	总分类科目	明细分类科目或费用项目	借方金额	贷方金额	备注
42	应交税费	应交城建税	15 147.55		
		应交营业税	7 089.79		
		应交教育费附加	6 491.81		
		应交地方教育费附加	4 327.87		
		应交价格调节基金	850.00		
		应交水利专项资金	1 020.00		
	银行存款			34 927.02	
43	应交税费	未交增值税	209 303.79		
	银行存款			209 303.79	
44	在建工程	广丰县第一建筑公司	100 000.00		
	银行存款			100 000.00	
45	应付职工薪酬	职工福利	4 000.00		
	银行存款			4 000.00	
46	预付账款	报刊订阅费	4 800.00		
	银行存款			4 800.00	
47	在建工程	硫酸铜工程	5 513.00		
	银行存款			5 513.00	
48	其他应收款	胡伟	1 000.00		
	银行存款			1 000.00	
49	银行存款		53 000.00		
	主营业务收入			45 000.00	
	应交税费	应交增值税（销项税额）		7 650.00	
	应收账款	浙江天力电子公司		350.00	
50	材料采购	备件	2 050.77		
	应交税费	应交增值税（进项税额）	328.23		
	银行存款			2 379.00	
	原材料	备件	2 200.00		
	材料采购	备件		2 200.00	
51	生产成本	维修车间	1 650.00		
	原材料	备件		1 650.00	
52	材料采购	备件	2 709.41		
	应交税费	应交增值税（进项税额）	460.59		
	银行存款			3 170.00	
	原材料	备件	2 750.00		
	材料采购	备件		2 750.00	

（续表）

业务序号	总分类科目	明细分类科目或费用项目	借方金额	贷方金额	备注
53	制造费用 应交税费 库存现金	二车间 应交增值税（进项税额）	350.00 59.50	 409.50	
54	制造费用 应交税费 银行存款	二车间 应交增值税（进项税额）	1 906.50 143.50	 2 050.00	2 050 × 7% = 143.50
55	管理费用 库存现金		391.00	 391.00	
56	管理费用 银行存款		542.10	 542.10	
57	固定资产 应交税费 预付账款	科技部 应交增值税 江苏风氨泵阀公司	13 325.00 2 209.15	 15 534.15	
58	应收账款 主营业务收入 应交税费	河北成安试剂厂 应交增值税（销项税额）	210 600.00	 180 000.00 30 600.00	
59	财务费用 银行存款		30.00	 30.00	
60	应付利息 财务费用 银行存款	 利息支出	10 800.00 4 534.00	 15 334.00	
61	包装物 应交税费 银行存款	编织袋 应交增值税（进项税额）	36 000.00 6 120.00	 42 120.00	
62	管理费用 库存现金		154.00	 154.00	
63	银行存款 预收账款	 株洲信力有限公司	100 000.00	 100 000.00	
64	银行存款 主营业务收入 应交税费	 应交增值税（销项税额）	702 000.00	 600 000.00 102 000.00	
65	生产成本 包装物	甲产品 编织袋	24 000.00	 24 000.00	
66	管理费用 库存现金		200.00	 200.00	

（续表）

业务序号	总分类科目	明细分类科目或费用项目	借方金额	贷方金额	备注
67	在建工程 银行存款	精碲工程	15 000.00	 15 000.00	
68	银行存款 主营业务收入 应交税费	 应交增值税（销项税额）	63 180.00	 54 000.00 9 180.00	
69	包装物 银行存款	包装箱	3 000.00	 3 000.00	不抵扣
70	销售费用 包装物	 包装箱	1 200.00	 1 200.00	
71	管理费用 银行存款		5 316.64	 5 316.64	
72	制造费用 管理费用 生产成本 研发支出 累计折旧	一车间 二车间 维修车间 费用化	18 092.07 20 145.54 35 365.33 5 198.21 13 436.77	 92 237.92	
73	管理费用 库存现金		240.00	 240.00	
74	应付账款 应交税费 银行存款	贵昌市供电公司 应交增值税（进项税额）	10 000.00 1 700.00	 11 700.00	
75	在建工程 银行存款	防腐安装公司	150 000.00	 150 000.00	
76	库存现金 银行存款		800.00	 800.00	
77	管理费用 其他应收款	 黄强	1 184.80	 1 184.80	
78	其他应付款 管理费用 银行存款	房屋租金	44 000.00 4 000.00	 48 000.00	
79	管理费用 库存现金		320.00	 320.00	
80	材料采购 应交税费 预付账款 原材料 材料采购	备件 应交增值税（进项税额） 杭州过滤机有限公司 备件 备件	8 191.11 1 392.49 8 800.00	 9 583.60 8 800.00	

（续表）

业务序号	总分类科目	明细分类科目或费用项目	借方金额	贷方金额	备注
81	销售费用		649.00		
	银行存款			649.00	
82	营业税金及附加		15.00		
	应交税费	应交营业税		15.00	
83	营业税金及附加		1.80		
	应交税费	应交城建税		1.05	
		应交教育费附加		0.45	
		应交地方教育费附加		0.30	
84	营业外支出		1 365.30		
	应交税费	应交价格调节基金		1 365.30	
85	营业外支出		1 638.36		
	应交税费	应交水利建设专项资金		1 638.36	
86	在建工程	贵昌市第二建筑公司	150 000.00		
	银行存款			150 000.00	
87	生产成本	甲产品	49 980.00		
		乙产品	36 600.00		
		丙产品	40 820.00		
		维修车间	24 810.00		
	制造费用	一车间	10 280.00		
		二车间	9 750.00		
	销售费用		35 700.00		
	研发支出	费用化	23 080.00		
	在建工程		21 480.00		
	管理费用		70 800.00		
	应付职工薪酬	工资		323 300.00	
88	生产成本	甲产品	19 792.08		
		乙产品	14 493.60		
		丙产品	16 164.72		
		维修车间	9 824.76		
	制造费用	一车间	4 070.88		
		二车间	3 861.00		
	销售费用		14 137.20		
	研发支出	费用化	9 139.68		
	在建工程		8 506.08		
	管理费用		28 036.80		
	应付职工薪酬	社保费		95 696.80	
		住房公积金		32 330.00	

（续表）

业务序号	总分类科目	明细分类科目或费用项目	借方金额	贷方金额	备注
89	生产成本	甲产品	999.60		
		乙产品	732.00		
		丙产品	816.40		
		维修车间	496.20		
	制造费用	一车间	205.60		
		二车间	195.00		
	销售费用		714.00		
	研发支出	费用化	461.60		
	在建工程		429.60		
	管理费用		1 416.00		
	应付职工薪酬	工会经费		6 466.00	
90	其他应付款	住房公积金	32 330.00		
	应付职工薪酬	住房公积金	32 330.00		
	银行存款			64 660.00	
91	其他应付款	社保费	35 563.00		
	应付职工薪酬	社保费	95 696.80		
	银行存款			131 259.80	
92	制造费用	一车间	1 771.20		
		二车间	1 180.80		
	应交税费	应交增值税（进项税额）	501.84		
	其他应付款	财务科		3 453.84	
93	生产成本	甲产品	1 844.50		
		乙产品	1 657.50		
		丙产品	2 201.50		
		维修车间	1 360.00		
	制造费用	一车间	850.00		
		二车间	850.00		
	管理费用		1 236.50		
	应付账款	贵昌市供电公司		10 000.00	
94	生产成本	甲产品	7 808.00		
		乙产品	6 832.00		
		丙产品	9 760.00		
	其他应付款	财务科		24 400.00	
95	银行存款		66 117.20		
	应收账款	华北制冷器厂		66 117.20	

（续表）

业务序号	总分类科目	明细分类科目或费用项目	借方金额	贷方金额	备注
96	材料采购 应交税费 其他应付款	一般材料 应交增值税（进项税额） 财务科	74 566.32 12 676.27	 87 242.59	
97	原材料 材料成本差异 材料采购	一般材料 一般材料	66 000.00 8 566.32	 74 566.32	
98	材料采购 材料成本差异	备件 备件	1 798.71	 1 798.71	
99	生产成本 研发支出 材料成本差异	甲产品 乙产品 费用化 一般材料	2 279.84 1 411.33 32.57	 3 723.74	一般材料成本差异率9.047%
100	材料成本差异 生产成本	备件 丙产品 维修车间	16.27	 7.23 9.04	备件成本差异率-0.3288%
101	营业税金及附加 应交税费	 应交城建税 应交教育费附加 应交地方教育费附加	24 431.50	 14 251.71 6 107.87 4 071.92	203595.79 × 7% = 14 251.71
102	管理费用 预付账款	 报刊订阅费	400.00	 400.00	
103	管理费用 研发支出 生产成本	 费用化 维修车间	41 265.92 3 164.21	 44 430.13	
104	生产成本 制造费用	甲产品 乙产品 丙产品 一车间 二车间	21 431.42 15 698.33 40 242.99	 37 129.75 40 242.99	
105	库存商品 自制半成品 生产成本	丙产品 甲产品 乙半成品 二车间（丙产品） 甲产品 乙半成品	158 169.60 151 280.00 90 350.00	 158 169.60 151 280.00 90 350.00	

（续表）

业务序号	总分类科目	明细分类科目或费用项目	借方金额	贷方金额	备注
106	主营业务成本		255 868.00		
	库存商品	甲产品		118 816.00	
		丙产品		137 052.00	
107	在建工程	硫酸铜工程	120 000.00		
		精碲工程	60 000.00		
	长期借款	应计利息		180 000.00	
108	资产减值损失		2 010.49		5 032.49 −3 022 = 2 010.49
	坏账准备			2 010.49	
109	资产减值损失		12 000.00		
	存货跌价准备			12 000.00	
110	管理费用		49 674.83		
	研发支出	费用化		49 674.83	
111	应交税费	应交增值税（转出未交增值税）	203 595.79		
	应交税费	未交增值税		203 595.79	
112	主营业务收入		1 365 000.00		
	其他业务收入		300.00		
	投资收益		3 547.20		
	本年利润			1 368 847.20	
113	本年利润		627 765.78		
	营业税金及附加			24 448.30	
	主营业务成本			255 868.00	
	财务费用			4 624.00	
	管理费用			252 960.13	
	销售费用			52 851.20	
	营业外支出			23 003.66	
	资产减值损失			14 010.49	
114	所得税费用		185 270.36		12 000× 25% =3 000
	递延所得税资产		3 000.00		
	应交税费	应交所得税		188 270.36	
	本年利润		185 270.36		
	所得税费用			185 270.36	
115	利润分配	提取盈余公积	180 581.11		
	盈余公积	法定盈余公积		180 581.11	

（续表）

业务序号	总分类科目	明细分类科目或费用项目	借方金额	贷方金额	备注
116	本年利润		1 805 811.06		
	利润分配	未分配利润		1 805 811.06	
	利润分配	未分配利润	180 581.11		
	利润分配	提取盈余公积		180 581.11	

二、试算平衡表

账户名称	1—15 日发生额		16—31 日发生额		全月合计	
	借方	贷方	借方	贷方	借方	贷方
库存现金	4 500.00	3 359.50	800.00	1 305.00	5 300.00	4 664.50
银行存款	366 600.00	1 495 590.28	931 297.20	638 411.54	1 297 897.20	2 134 001.82
其他货币资金	110 969.60	107 422.40			110 969.60	107 422.40
交易性金融资产	107 200.00	107 200.00			107 200.00	107 200.00
应收账款	358 020.00	100 350.00	210 600.00	66 117.20	568 620.00	166 467.20
预付账款	8 760.00			25 517.75	8 760.00	25 517.75
其他应收款	3 000.00	3 000.00		1 184.80	3 000.00	4 184.80
原材料	15 950.00	57 110.00	74 800.00		90 750.00	57 110.00
材料采购	14 760.18	15 950.00	84 556.14	83 366.32	99 316.32	99 316.32
包装物			39 000.00	25 200.00	39 000.00	25 200.00
生产成本	98 250.00		357 254.98	444 246.00	455 504.98	444 246.00
库存商品			309 449.60	255 868.00	309 449.60	255 868.00
材料成本差异			8 582.59	5 522.45	8 582.59	5 522.45
自制半成品		52 500.00	90 350.00		90 350.00	52 500.00
制造费用	6 120.65		71 252.09	77 372.74	77 372.74	77 372.74
存货跌价准备				12 000.00		12 000.00
资产减值损失			14 010.49	14 010.49	14 010.49	14 010.49
研发支出	360.00		49 314.83	49 674.83	49 674.83	49 674.83
固定资产			13 325.00		13 325.00	
在建工程	27 5513.00	10 000.00	525 415.68		800 928.68	10 000.00
累计折旧				92 237.92		92 237.92
坏账准备				2 010.49		2 010.49
递延所得税资产			3 000.00		3 000.00	

（续表）

账户名称	1—15 日发生额		16—31 日发生额		全月合计	
	借方	贷方	借方	贷方	借方	贷方
短期借款	300 000.00				300 000.00	
预收账款				100 000.00		100 000.00
应付账款	21 000.00		10 000.00	10 000.00	31 000.00	10 000.00
其他应付款	306 552.40	71 309.50	111 893.00	115 096.43	418 445.40	186 405.93
应付职工薪酬	370 633.57		128 026.80	457 792.80	498 660.37	457 792.80
应交税费	249 885.27	92 363.00	228 195.54	561 098.11	478 080.81	653 461.11
应付利息			10 800.00		10 800.00	
长期借款				180 000.00		180 000.00
盈余公积				180 581.11		180 581.11
本年利润			2 618 847.20	1 368 847.20	2 618 847.20	1 368 847.20
利润分配			180 581.11	1 805 811.06	180 581.11	1 805 811.06
主营业务收入		531 000.00	1 365 000.00	834 000.00	1 365 000.00	1 365 000.00
其他业务收入		300.00	300.00		300.00	300.00
主营业务成本			255 868.00	255 868.00	255 868.00	255 868.00
营业税金及附加			24 448.30	24 448.30	24 448.30	24 448.30
投资收益	222.40	3 769.60	3 547.20		3 769.60	3 769.60
营业外支出	20 000.00		3 003.66	23 003.66	23 003.66	23 003.66
管理费用	12 416.21		240 543.92	252 960.13	252 960.13	252 960.13
财务管理	60.00		4 564.00	4 624.00	4 624.00	4 624.00
销售费用	451.00		52 400.20	52 851.20	52 851.20	52 851.20
所得税费用			185 270.36	185 270.36	185 270.36	185 270.36
合计	2 651 224.28	2 651 224.28	8 206 297.89	8 206 297.89	10 857 522.17	10 857 522.17

三、部分“T”型账户

库存现金

借方	贷方
(8) 2 700	(7) 270
(36) 1 500	(16) 1 280
(38) 300	(17) 580
(76) 800	(24) 820
	(53) 409.50
	(55) 391
	(62) 154
	(66) 200
	(73) 240
	(79) 320
5 300.00	4 664.50

主营业务收入

借方	贷方
(111) 1 365 000	(20) 306 000
	(21) 180 000
	(49) 45 000
	(58) 180 000
	(64) 600 000
	(68) 54 000
1 365 000	1 365 000

制造费用

借方	贷方
(4) 1 860	(104) 77 372.40
(37) 2 004.15	
(53) 350	
(54) 1 906.50	
(72) 38 237.61	
(87) 20 300	
(88) 7 931.88	
(89) 400.60	
(92) 2 952	
(93) 1 700	
77 372.40	77 372.40

研发支出

借方	贷方
(35) 360	(110) 49 674.83
(72) 13 436.77	
(87) 23 080	
(88) 9 139.68	
(89) 461.60	
(99) 32.57	
(103) 3 164.21	
49 674.83	49 674.83

财务费用

借方	贷方
(31) 60	(112) 4 624
(59) 30	
(60) 4 534	
4 624	4 624

四、会计报表

(117) 资产总额：15 925 243.75 元

(118) 资产总额：16 331 728.07 元，2011 年累计净利润 1 805 811.06 元。

(119) 现金及现金等价物净增加额：－831 921.92 元。

参考文献

1. 财政部会计司编写组编．企业会计准则讲解［M］．北京：人民出版社，2010

2. 姚津，李氟，吴涛，柳欣编．新编簿记模拟实习（第二版）［M］．上海：立信会计出版社，2007

3. 喻强，兰庆莲主编．会计综合实训［M］．成都：西南财经大学出版社，2009

《企业会计模拟实训（第二版）》
编读互动信息卡

亲爱的读者：

感谢您购买本书。只要您以以下三种方式之一成为普华公司的会员，即可免费获得普华每月新书信息快递，在线订购图书或向我们邮购图书时可获得免付图书邮寄费的优惠：①详细填写本卡并以传真（复印有效）或邮寄返回给我们；②登录普华公司官网注册成为普华会员；③关注微博：@普华文化（新浪微博）。会员单笔订购金额满 300 元，可免费获赠普华当月新书一本。

哪些因素促使您购买本书（可多选）

〇本书摆放在书店显著位置　〇封面推荐　〇书名
〇作者及出版社　〇封面设计及版式　〇媒体书评
〇前言　〇内容　〇价格
〇其他（　　　　　　　　　　　　　　　　）

您最近三个月购买的其他经济管理类图书有

1.《　　　　　》　2.《　　　　　》
3.《　　　　　》　4.《　　　　　》

您还希望我们提供的服务有

1. 作者讲座或培训　2. 附赠光盘
3. 新书信息　4. 其他（　　　　　　　）

请附阁下资料，便于我们向您提供图书信息

姓　　名　　联系电话　　职　　务
电子邮箱　　工作单位
地　　址

地　　址：北京市东城区龙潭路甲 3 号翔龙大厦 218 室
北京普华文化发展有限公司（100061）
传　　真：010－67120121
读者热线：010－67129879　010－67133495－107
投稿邮箱：tougao@ puhuabook. com，或请登录普华官网“作者投稿专区”。
购书电话：010－67129872/67133495－818　　邮件地址：hanjuan@ puhuabook. com
媒体及活动联系电话：010－67129872－830　　邮件地址：liujun@ puhuabook. com
普华官网：http://www. puhuabook. com. cn
博　　客：http://blog. sina. com. cn/u/1812635437
新浪微博：@普华文化（关注微博，免费订阅普华每月新书信息速递）